KB180783

니다. 즉 아버지의 영재교육 마지막 단계가 끝난 다음 독학의 한 방법으로 친구들과 모임을 결성하여 함께 공부하고 토론하고, 나아가 비판적인 저술을 통해 스스로 학문의 길을 열어나갔던 모습, 그리고 그 배경이 되었던 영국 사회의 모습이 담겨 있습니다.

4강

비판적 사고를 연마하다

젊은 시절의 존 스튜어트 밀

자서전의 네 번째 장은 존 스튜어트 밀이 젊은 시절에 어떤 활동을 했는지 다룬 것입니다. 그중 특히 〈웨스트민스터 리뷰*The Westminster Review*〉라는 잡지에 어떤 논문들을 게재했는지, 또 사회적으로 어떤 활동들을 했는지에 주목합니다. 그런데 존 스튜어트 밀의 자서전은 학자가 쓴 책이라 그런지 전문가가 아닌 한 쉽게 읽어내기 힘듭니다. 사실 '자서전'은 대부분 매우 딱딱해요. 그래서 여러분이 책을 읽는 과정에 조금이나마 도움이 될 만한 이야기를 드리려고 하는데요. 오늘은 자서전에 나오는 책 이야기보다 영국의 정치 상황, 그리고 17세기 이후에 존 스튜어트 밀이 근무했던 동인도회사가 어떤 곳이었는지 조금 더 보충 설명을 하고 싶습니다.

THE

WESTMINSTER REVIEW.

VOLUME I.

JANUARY—APRIL, 1824.

SECOND EDITION.

PUBLISHED BY

BALDWIN, CRADOCK, AND JOY.

LONDON.

1824.

1824년에 발행된 〈웨스트민스터 리뷰〉 표지.

〈웨스트민스터 리뷰〉는 휘그당—당시로서는 진보적이라
고 평가된—의 입장과 비슷한 논조를 가지고 있었습니다. 그러
나 이런 잡지에 글을 실었다고 해서 공리주의자들이 반드시 휘
그당하고 직결되어 있었던 것은 아니에요. 사상적으로 당시의
보수적인 지배 세력에 저항감을 드러내는 비판적인 태도를 취

했던 점이 휘그당과 맞았던 것뿐입니다. 공리주의자들은 특히 성직자 계급을 좋아하지 않았습니다. 영국의 성직자 계급이란 우리나라에서 '성공회'라고 부르는 잉글랜드 성공회(Church of England, Anglican Church)의 목회자를 말합니다. 흔히 영국 국교라고 알고 있는 성공회의 출발에 대해서는 여러분도 역사 시간에 들었을 텐데요. 표면적으로는 영국의 왕 헨리 8세가 이혼을 하기 위해 로마교회와 갈라지면서 만들었다고 알려져 있는데, 실은 배후에 더 복잡한 정치·경제적인 사정이 숨어 있습니다. 요즈음엔 16세기 유럽 종교개혁의 일부로 받아들이고 있어요.

그런데 이 성공회가 14~15세기부터 19세기에 이를 때까지 약 오륙백 년 동안 영국의 정치경제 사회를 좌지우지했습니다. 요즘 말로 성공회 성직자들의 국정농단이 심했던 것입니다. 그래서 성공회에 반대하는 세력들이 등장하게 되는데요. 그중에 가장 유명한 것이 청교도입니다. 이들이 주축이 되어 영국의 명예혁명이 일어났고 또 많은 청교도가 미국으로 망명하다시피 하게 됩니다. 물론 청교도 말고도 새로운 종파가 나타납니다. 예를 들어 유니테리언주의(Unitarianism)* 같은 것도 나타났

---

* 18세기 등장한 이신론의 영향을 받은 반삼위일체론 계통의 기독교 교회다. 이들은 신은 하나라는 유일신 신앙 즉, 단일신론(Unitheolism)을 주장하여 성자 예수를 성부 하나님과 동일한 분이며 권능과 영광이 동일한 것을 믿지 않기 때문에 삼위일체 신앙을 갖고 있는 주류 기독교와 교리적으로 차이가 있다.

습니다. 나중에 이야기하겠습니다만, 존 스튜어트 밀의 아내가 되는 해리엇 밀도 유니테리언주의자였습니다. 현재의 관점에서 보면 이단인 셈인데요. 영국 성공회를 비롯해 로마가톨릭에서 가장 중요하게 여기는 삼위일체설을 부정하고, 예수를 신이 아니라 인간이라고 주장했기 때문입니다. 이렇게 유럽 종교개혁의 여파로 나타난 반종교적인 모임이 지적인 활동이나 서클들과 연결되면서 새로운 지적 운동으로 발흥하는 과정을 우리는 18~19세기에서 확인할 수 있습니다.

여기서 잠깐 19세기 초엽의 영국 정치 상황을 살펴보겠습니다. 잘 아시다시피 영국 의회는 양원제* 구성입니다. 상원인 귀족원과 하원인 서민원으로 이루어져 있습니다. 양쪽 모두 런던의 웨스트민스터 궁전을 국회의사당으로 사용하지요. 당시 상원은 귀족들이 만든 귀족 집단이었는데요, 지금도 별로 다를 바 없습니다. 요즘은 명망 있는 학자나 영화배우들도 상원에 들어가지만 상원은 기본적으로 귀족들의 모임이었습니다. 반면 하원은 선거를 통해 선출되며 강력한 권한을 가지고 입법의 중심이 됩니다. 영국 정부는 하원에서 다수당의 지지를 받아야만

---

* 입법부가 독립적인 활동을 하는 두 개의 의회로 구성된 제도이다. 이원제(二院制)라고도 한다. 대조적으로 단원제(單院制)가 있다. 대한민국의 경우, 제2공화국(1960~1961)에서 민의원(하원)과 참의원(상원)을 두고 양원제를 실시한 적이 있다.

해요. 그래야만 발의된 모든 법안을 두고 발전적인 논쟁을 통해 정치적 환경을 개선하는 데 큰 영향력을 행사할 수 있으니까요. 그러나 19세기 초만 해도 영국은 이백여 개의 가문에 의해 철저히 농단당하고 있었습니다. 존 스튜어트 밀은 이러한 상황을 개혁하고자 했고, 평생 영국 사회의 민주화와 합리화를 위해 노력했습니다.

아빠 찬스로 동인도회사에 취직하다

존 스튜어트 밀은 열일곱 살 무렵부터 스물너댓 살까지 아버지와 함께 동인도회사에서 근무합니다. 곧이어 다른 형제들도 함께 일하기 시작했고요. 존 스튜어트 밀이 동인도회사에 일찌감치 취직한 것은 요즘 우리나라식 표현으로 하면 소위 '아빠 찬스'를 쓴 셈입니다. 아버지 제임스 밀이 동인도회사에 들어가고 난 다음 장남, 차남, 사남까지 다 들어갔으니 말입니다. 그것도 십칠 세짜리가 들어가고 십구 세짜리가 들어가고 이런 식이니까 지금 우리가 보기엔 황당한 일입니다. 게다가 전부 다 고위직으로 막 들어갔어요.

　그런데 동인도회사는 '회사'라는 이름을 갖긴 했지만 실은 중급 정도의 고위직 사람들은 국가가 직접, 즉 왕이 임명했습니다. 이름만 회사일 뿐 오늘날 우리가 생각하는 주식회사 같은 그런 순수한 의미의 개인 기업이 아니라 왕의 특허장에 의해 만들어진 일종의 관립 사업체였으니까요. 더 정확히 말하면 반관반민(半官半民), 정부와 개인이 함께 운영하는 그런 사업체였죠. 동양척식주식회사(東洋拓殖株式會社, Oriental colonization Company)*도 마찬가지입니다. 동양척식주식회사는 동인도회사를 그대로 모방한 것입니다.

런던에 있던 영국 동인도 회사의 본사.

* 1908년 12월 18일에 설립된 일본의 기업으로 일본 제국이 조선의 경제 독점과 토지·자원의 수탈을 목적으로 세운 국책회사다. '동척(東拓)'이라고 부르기도 한다. 대영제국의 동인도회사를 본뜬 식민지 수탈기관으로 주요 목적은 일본의 식민지로부터의 경제적 이익을 위해 토지와 금융을 장악하고 일본인들의 식민지 개척 및 활동을 돕는 것이었다.

동양척식주식회사 도쿄 본사.

동인도회사에 취직하기 전에 아버지는 고민을 조금 했습니다. 본인이 십여 년 넘게 문필가 생활을 해왔고, 가정교사로 일하기도 하면서 근근이 생활을 꾸려왔잖아요? 그러다가 이제 동인도회사에 취직해서 한숨 돌리게 된 것입니다. 요즘으로 치면 글로벌대기업에 입사한 거나 마찬가지였으니까요. 그런데 본인은 그렇다 쳐도 아들 문제가 영 고민이었습니다. 아버지는 아들 존 스튜어트 밀이 학문에 재주도 있고 교육도 잘 받았으니 학자나 문필가가 되면 좋겠다, 그런데 먹고사는 게 또 걱정이니 어떻게 하나, 이러면서요. 사실 이런 고민은 동서고금을 막론한 것인데요. 설상가상으로 당시 아버지 제임스 밀은 건강이 좋지 않았습니다. 결핵을 앓고 있었거든요. 아버지는 또 존 스튜어트 밀이 변호사가 되면 어떨까 생각합니다. 아들의 뛰어난 논리적 분석 능력과 그간 벤담을 통해서 배운 법전 기술론과 증거론 같은 공부를 충분히 활용할 수 있는 직업이 변호사라고 본 것입니다. 변호사가 되었다가 나중에 정치를 하면 좋겠다, 라는 생각도 했는데요. 고민 끝에 '동인도회사 취직'으로 마무리합니다.

동인도회사는 앞에서 잠깐 말씀드렸지만, 근무 시간이 여섯 시간밖에 되지 않았습니다. 요즘 대한민국에서는 상상할 수 없는 일이지요. 게다가 세 시간 정도 자기 일을 하고 나면 나머지 세 시간 정도는 저술이든 뭐든 개인적인 일도 할 수 있었습니다. 그런데 이 상황을 오해하면 안 됩니다. 회사의 시스템이나 복지가 좋아서 그런 게 아니라 그 당시 인도에 관해서 할 일이 별로 없었기 때문입니다.

19세기에 동인도회사가 있었던 곳은 현재 영국의 북부입니다. 지금 영국박물관 근방에 가면 '로이드'라고 하는 유명한 국제보험회사가 있는데요. 우리나라에도 아마 들어와 있을 텐데, 영국 제국주의 시대에 전 세계 무역의 보험을 독점하다시피 한 거대한 보험회사입니다. 그 보험회사가 19세기 말(1858)까지 동인도회사가 있었던 자리에 떡 하니 자리 잡은 거죠. 기회가 닿는다면 한번 가보기 바랍니다. 영국박물관을 중심으로 제국주의 흔적들이 쭉 모여 있거든요. 원래 이름이 브리티시 뮤지엄인 영국박물관을 우리나라에서는 흔히 '대영박물관'이라고 부릅니다. 루브르에는 '대' 자를 안 붙이는데 왜 그러는지 모르겠어요. 저는 이제부터라도 영국박물관이라 불러야 한다고 생각합니다. 대영박물관은 실제로 제국주의의 가장 큰 증거물입니다. 그 안에 소장된 세계적인 보물 중 반 이상이 '제국의 장물'이잖아요? 고대 그리스, 로마, 아시아, 메소포타미아, 인도 등등 전 세계 문명의 산물을 다 모아놓고 있습니다. 그러고 보면 휘그도 도둑, 토리도 도둑, 다 도둑이니, 영국박물관 역시 도둑의 박물관인 셈입니다. 그 옆에 동인도회사가 있었다는 것은 매우 상징적입니다. 실은 오늘날의 런던 전역이 다 그렇지만 말이에요.

제국주의의 흔적을 고스란히 간직한 영국박물관.

켄싱턴 시절

제러미 벤담의 집 근처에서 살던 제임스 밀은 동인도회사에 근무하는 동안 런던 서구에 있는 켄싱턴에 자리를 잡게 됩니다. 제임스 밀은 이곳에서 육 년 동안 살다가 생을 마감했는데요. 그가 살던 시대의 켄싱턴은 과수원 천지였던 아주 시골이었습니다. 요즘에는 이곳에서 자연사박물관(Natural History Museum), 빅토리아 앤드 앨버트 박물관(Victoria and Albert Museum), 디자인 박물관으로 쓰이는 커먼웰스 인스티튜트 등을 볼 수 있습니다. 빅토리아 앤드 앨버트 박물관은 런던의 사우스켄싱턴에 있는데, 영국 왕립박물관 중의 하나로 중세부터 근대에 걸친 유럽미술과 동양미술 작품들을 소장한 곳입니다. 영국에서 내로라하는 국가적인 음악 행사가 열리는 장소인 로열 앨버트홀도 유명하죠. 유튜브를 보면 대규모 영국 음악회는 대부분 여기서 열립니다.

커먼웰스 인스티튜트의 예전 이름은 임페리얼 인스티튜트입니다. 이름에서 짐작할 수 있듯이 제국시대의 영국이 전 세계 식민지로부터 끌어모은 것들을 다 전시해놓은 곳입니다. 커먼웰스(Commonwealth)란 아주 보통의 복지를 말하는데, 얼핏 보면 이름이 참 좋습니다. 하지만 제국의 침략을 '커먼웰스' '보편

런던 자연사 박물관 내부.

빅토리아 앤드 앨버트 박물관.

ROYAL ALBERT HALL.

1872년의 로열 앨버트홀 그림.

복지'라는 말로 무마하는 것 같아서 저에게는 유쾌하지 않은 말장난으로 여겨졌습니다.

마치 일본 오사카의 세계민속박물관에서 한국관을 들어갔을 때 느꼈던 당혹감과 비슷한 기분이에요. 한국관에 뭐가 있을까 하고 들어갔더니 점쟁이집밖에 없어서 망연자실했던 그 느낌 말입니다. 모르는 사람이 보면 '한국엔 점쟁이집이 제일 많은가 보다.' 할 것 같습니다. 한국의 전통문화를 오해할 수 있어요. 저는 이 커먼웰스 인스티튜트에서 그런 느낌을 받았습니다. 식민지 유물들을 모아 전시했으니 당연히 아시아나 아프리카의 유물이 있을 거 아닙니까? 그런데 거기 가져다 놓은 게 죄다 애니미즘이나 토테미즘 상징물이었어요. 이렇게 해서 은근슬쩍 자국민에게 '식민지 문화는 미개하다.'는 식민사관을 심어주는 것이지요. 실제로 이런 식의 세뇌가 인류학이니 민속학이니 하는 이름으로 이루어졌답니다. 나아가 19세기 학문의 새로운 지평을 열었다면서 칭송받는 웃지 못할 일도 벌어졌지요. 저는 그런 학문은 지금도 어떤 의미에서는 제국주의적이고 식민주의적인 측면을 가지고 있다고 보는데요. 이 같은 맥락에서의 연구나 실제 행정이 바로 이 동인도회사를 통해서 이루어졌습니다.

켄싱턴은 또 한편으로 〈노팅힐〉(Notting Hill)이라는 영화

덕분에 알려진 면도 있습니다. 이 영화의 배경이 바로 런던의 노스켄싱턴 아래 지역인 노팅힐입니다. 줄리아 로버츠와 휴 그랜트 등이 출연했는데, 서점주인 윌리엄 대커가 유명한 할리우드 여배우인 애나 스콧의 방문을 받으면서 시작되는 로맨틱 코미디죠. 잘나가는 여성과 매력적이지만 가난한 남자주인공이라는 진부한 클리셰의 전형으로 보이지만 1999년 개봉 당시엔 인기가 좋았습니다.

저도 영국에 가면 노팅힐에 종종 들릅니다. 거기에는 자마이카인처럼 영국 식민지 시절을 겪은 아시아, 아프리카 사람들이 많이 살고 있습니다. 우범지역이기도 한데 저는 그곳에 갈 때면 주민들이 커먼웰스 인스티튜트 같은 박물관들을 보면서 어떤 생각을 할까, 궁금해집니다. 아프리카에 토테미즘만 있는 것도 아니고, 한국에 점쟁이집만 있는 것도 아닌데 제국주의자들의 입장에서 남의 나라 침략을 합리화하고 정당화하는 그런 문화 왜곡을 어떻게 개선해나가야 할까 고민이 됩니다.

'힘 있고 알기 쉽게', 존 스튜어트 밀의 글쓰기

존 스튜어트 밀은 열일곱 살부터 스물네 살까지 이미 말씀드린 것처럼 친구들과 모임을 운영하면서 토론도 하고 꾸준하게 글쓰기 작업을 해나갑니다. 어쩌면 이런 식으로 사회 초년생으로서의 훈련을 했던 것 같습니다. 한 가지 여러분에게 당부하고 싶은 게 있습니다. 존 스튜어트 밀의 글쓰기에 관련된 이야기입니다. 우리나라에서도 몇 년 전부터 대학에서 인문대는 물론 자연과학대에서도 글쓰기 교육을 병행하고 있습니다. 존 스튜어트 밀의 자서전에는 그가 독학으로 글쓰기를 공부한 이야기가 나옵니다. 여기서 제가 주목한 부분은 '힘 있고 알기 쉽게'라는 그의 글쓰기 모토였습니다.

존 스튜어트 밀에게 글쓰기의 영감을 준 사람들은 영국 사상가들이나 작가들이 아니었습니다. 그는 프랑스의 사상가들, 특히 계몽주의 시대의 작가들에게서 영향을 많이 받았습니다. 여러분, 파스칼(Blaise Pascal, 1623~1662)이라는 사람에 대해 들어보셨지요? 대표적인 작품으로 『팡세Pensées』(1670)가 있는데, 우리나라에서는 '수상록'이라거나 '명상록'이라는 타이틀로 번역되기도 합니다. 존 스튜어트 밀은 파스칼이 쓴 유명한 문장, 즉 '인간은 생각하는 갈대다.'와 같이 한눈에 딱 들어오는 그런 글쓰기에 영향을 많이 받았습니다. 17세기 사람의 문장인데도 현대에 활동하는 카피라이터의 글 같죠? 이미지와 의미를 동시에 갖춘 그런 문장입니다.

존 스튜어트 밀은 파스칼 이후 계몽사상가 중에서는 볼테르(François-Marie Arouet, 1694~1778)를 좋아했습니다(볼테르 Voltaire는 필명입니다). 존 스튜어트 밀은 볼테르가 쓴 힘 있는 글을 대단히 좋아했고, 그런 식의 글쓰기를 익히려고 노력했습니다. 그런데 정작 존 스튜어트 밀 자신의 글쓰기는 힘은 있는데 독자들이 읽기에는 쉽지 않습니다.

19세기 후반 영국에서는 존 스튜어트 밀을 '영국의 아리스토텔레스'라고 칭송합니다. 명성이 아주 드높아진 거죠. 심지어 영국 고등학교 과정이나 대학 초년생들 사이에서 존 스튜어트 밀의 글을 그대로 베껴 쓰는 필사가 성행했다고 합니다. 존 스튜어트 밀의 글이 영국식 글쓰기 교육에서 모범문장으로 꼽혔던 것입니다. 그런데 그의 글은 쉽지 않습니다. 영어로 읽어도 어려워요. 물론 영국 사람들이야 저보다 영어문장 독해 능력이 훨씬 깊을 테지만, 아무튼 쉬운 글은 아닙니다.

또 하나 존 스튜어트 밀의 글쓰기에서 제가 주목하고자 하는 것은 그가 항상 자신이 직접 경험하거나 직접 터득한 사실에 근거해서 글쓰기를 하려고 노력했다는 점입니다. 이 부분은 제가 학생들에게 수없이 강조하는 점인데요, '어떤 책에서 읽었다' '누가 이렇게 말했다' '그는 ~라고 한다' 같은 이야기는 제발 하지 말자고 반복해서 이야기합니다. 물론 저의 경험이라서 선부른 일반화일 수도 있지만 요즘 많은 학생이 인기 있는 유튜브라든지 방송이라든지 권위가 실린 글이라든지 또는 부모나 교사의 의견 등을 가져다가 글쓰기를 합니다. "제 생각은 이렇습니다." "저는 이렇게 생각해요."라는 이야기보다 다른 이의 생각을 빌려다 글쓰기를 하는 습성이 있어요. 학문적 인용을 하지 말라는 뜻이 아닙니다. 인용이나 주석으로 글을 보완하고 자신의 글을 좀 더 힘 있게 만드는 방법으로 근거를 가져오는 것은 필요한 일이지만, 어떤 '권위'에 의존하는 것 같다는 의심이 들 정도로 뭔가 다른 이의 생각을 맹신하는 경향은 매우 걱정스럽습니다.

예를 하나 들어볼게요. 언젠가 대학원에 노동법을 공부하러 온 학생이 있었습니다. 제가 "노동법을 공부하려는 이유가 뭔가?" 하고 물었더니 바로 "아버지가 하라고 해서요. 노동법을 공부해서 교수가 되면 좋겠다고 아버지가 대학원에 가라고 했습니다." 하고 대답을 하더군요. 잠시 뭐라고 해야 할까 고민이 되었습니다. 적어도 대학원에 진학해서 계속 공부할 의지를 가진 학생이라면, 적어도 우리 사회의 노동문제에 대한 나름의 어떤 관점과 소신, 혹은 자기 나름의 고민에 근거해서 '학문을 하고 싶다' '대학원에 오고 싶다' '이 강의를 듣고 싶다' '이런 글을 쓰고 싶다'와 같은 생각을 해야 하는 게 아닌가 싶습니다.

저는 학생들에게 존 스튜어트 밀 이야기를 가끔 들려줍니다. 고등학교 일이 학년 무렵부터 이미 자기 나름대로 주체성을 가지고, '나는 우리 사회를 이렇게 바라본다.' '우리 사회의 이런 점은 훌륭하지만 이런 점은 고쳐야겠다.'라는 입장을 다져왔다고 말이에요. 즉 본인들 스스로 어떤 사상적인 입장이나 철학적인 입장을 갖지 못한다고 해도 우리 현실과 사회를 바라보는 나름대로의 비판적인 안목은 가져야 한다고, 무조건 부모가 하라는 대로 이야기하지 말자, 라고 당부하곤 합니다.

이런 경향은 비단 중고등학교나 대학의 문제만은 아닙니다. 제가 로스쿨 같은 데서 강의를 합니다만, 가끔 학생들과 토론할 때도 이런 벽을 느끼곤 하지요. 재판 관련 문제라든지 입법 쟁점 등을 이야기하다 보면 삼사십 대 학생들인데도 질의응답을 할 때 '무슨 신문에서 읽었다.' '어떤 방송에서 보았다.' 하면서 그것이 마치 자기 의견인 것처럼 이야기하더군요. 저는 보통 화를 잘 안 내는 사람인데 그럴 때마다 화가 조금 납니다. 그래서 "어디서 읽은 것이냐? 그런 이야기 하지 말고 네 생각을 말해라."라고 합니다.

제가 드리고 싶은 이야기는 여러분 모두가 주체적이고 자율적으로 당당하게 의견을 제시해야 한다는 것입니다. 예를 들어 보수냐 진보냐, 어떤 정당을 지지하느냐, 누구를 좋아하고 싫어하느냐, 이런 것은 전혀 문제가 되지 않습니다. 정말 중요한 것은 어떤 문제든지 자신의 입장으로 자기의 문제로 가져와서 자신의 고민으로 소화한 다음 그 위에서 비판적인 생각을 연마하는 것입니다. 키포인트는 '비판적인 생각'인 것입니다. 그러나 무조건적인 비판이거나 비판을 위한 비판이 아니라 현실에서 나의 것으로 녹여진 비판이 되어야 합니다.

미래에 법조인이 될 로스쿨 학생들이나 삼십 년 동안 가르쳐온 학부생들에게 노동법을 가르치면서 저는 이런 이야기를 계속했습니다. 왜냐하면 저는 지금 우리 사회의 청소년이나 청년들에게 가장 큰 문제점이 자율성과 개성이 부족하다는 것이라고 보기 때문입니다. 특히 청소년이나 청년들이 다양하고 발랄하고 막힘없는 생각을 하면 좋겠어요. 어른들은 그런 분위기를 만들어주려고 진심으로 노력하면 좋겠고요. 그런데 마치 제복 입은 군인 관리하듯 생각도 표현도 사용하는 언어도 비슷하게 교육합니다. 사회가 발전하려면 좀 더 자율적인 인간들, 좀 더 주체적인 사람들, 좀 더 비판적인 입장을 취할 수 있는 그런 개성 있는 사고의 소유자들이 많아져야 하고, 그런 사고를 훈련할 수 있는 여건이 마련되어야 합니다. 제가 존 스튜어트 밀을 좋아하는 진짜 이유도 바로 여기에 있습니다. 그는 항상 자기 나름의 생각을 다듬고 사고훈련을 하는 데 최선을 다했거든요.

우리가 보통 학교에서 접하는 '고전 읽기'도 마찬가지입니다. 아무리 세계적인 고전이라 해도 무조건 숭상하지 않고 비판적인 안목을 갖는 것이 중요합니다. 그래야만 그 고전을 내 것으로 삼을 수 있고, 우리 것으로 만들 수 있고, 우리 사회와 우리 시대에 유용한 자료로서 받아들일 수 있으니까요. 우리가 함께 공부하고 있는 존 스튜어트 밀을 위시해서 다른 많은 고전을 접할 때 반드시 나의 입장에서 읽어야 한다는 점을 꼭 기억하시기 바랍니다.

언젠가 존 스튜어트 밀에 대해서 책을 하나 써달라는 요청을 받은 적이 있습니다. 그래서 제가 지금 이야기한 것처럼 비판적인 입장에서 글을 써서 보냈지요. 그랬더니 출판사에서 매우 당황해하면서 이렇게 이야기하더군요. "교수님, 존 스튜어트 밀의 자유론에 대한 입문서를 써달라는 부탁이었어요. 내용을 좀 압축해주시고, 교수님의 비판은 좀 빼고요. 이 책은 고등학교 학생들이 고전 읽기나 글쓰기에 실용적으로 사용하도록, 즉 교재처럼 사용하게 할 계획이라서요. 책의 내용을 좀 더 상세하게 압축해서 아이들이 이해하기 쉽게 써주시고, 제국주의 비판이나 이런 내용은 좀 빼주시면 좋겠습니다."라고 말입니다.

아직도 우리나라에서는 비판적인 글쓰기가 통용되지 않는 것 같습니다. 특히 고전처럼 권위를 자랑하는 책이나 인물에 대해서 더 그런 것 같아요. 수험용으로 혹은 중고등학교나 대학에서 공부하는 데 필요한, 더 나아가 최근에는 입사시험에 필요한 지식의 차원으로 받아들여지다 보니 그저 책의 내용만 정확하게 이해하면 된다고 생각하나 봅니다. 그러나 고전은 물론이거니와 모든 책은 그 내용을 정확하게 이해하는 것도 중요하지만, 그 책에 대한 자신만의 의견과 입장을 갖는 것이 더 중요하다는 점을 기억해주시면 좋겠습니다.

존 스튜어트 밀의 사상은 이처럼 주체적이고 개성 있는 자기 훈련 과정을 통해 연마되고 형성되었습니다. 아직 미숙하다고 볼 수 있는 열일곱 살, 열여덟 살 무렵부터 나름대로의 사회 개혁 의지를 키우면서 글쓰기와 그룹 활동을 통해서 이후 스물너댓 살까지 독학을 통해서 실력을 쌓아간 것입니다. 이 기간은 존 스튜어트 밀의 인생에 있어서 매우 중요한 시기인데요. 오늘의 우리에게도 여러 면에서 생각할 거리와 교훈을 줍니다.

5강

스물, 정신의
위기를 겪다

위기의 영국, 위기의 청년

존 스튜어트 밀 자서전의 5장에는 '내 정신사의 위기. 일보 전진'이라는 제목이 붙어 있습니다. 영어로는 'A crisis in my mental history. One stage onward.'라고 되어 있는데요. 이 '정 신의 위기'라는 것은 존 스튜어트 밀이 스무 살 무렵 느꼈던 위 기의식을 보여줍니다. 그러니까 스무 살 이전까지 겪어왔던 혹 은 고민하거나 느껴왔던 모든 것을 부정하고, 정말 문자 그대로 완벽한 절망, 완벽한 위기, 완전한 부정 위에 서게 되는 어떤 순 간을 맞게 되었다는 뜻입니다. 물론 사춘기에 부닥치는 그런 변 화나 위기는 누구에게나 있을 법한 경험입니다. 그런데 존 스튜 어트 밀의 경우엔 이런 일이 좀 극단적으로 나타났습니다.

우리는 보통 '스무 살' 하면 찬란한 청춘이 시작되는 나이, 청춘의 어떤 변환기, 영화나 소설에 흔히 나오는 주인공들처럼 설렘으로 가득한 나이라고 생각합니다. 특이한 교육시스템 안에서 살아가는 대한민국 청소년들에게 스무 살이란 곧 '수능 끝 행복 시작'일지도 모르지만, 어떤 경우든 스무 살은 한 시기를 마무리하고 다른 시점으로 진입하는 설렘과 두려움이 공존하는 지점이에요. 그런데 존 스튜어트 밀의 스무 살은 처참합니다. 거의 이십 년 동안 아버지와 함께 세운 지식의 세계가 완벽하게 무너지기 때문입니다. 뿐만 아니라 프랑스 유학을 통해서 느꼈던 새로운 세계에 대한 동경과 기대 역시 모조리 끝나버리는, 그야말로 절망과 좌절로 점철된 '위기의 스무 살'을 경험하지요. 자서전에는 그 이유가 설명되어 있지 않습니다. 다만 몇 가지 단서를 통해 그 배경을 짐작할 수 있는데요. '흠, 이 사람 좀 위기인가 보네.'라고 의심할 만한 징조가 조금 나타납니다.

존 스튜어트 밀이 스무 살이었을 때가 1826년입니다. 그런데 이 1826년이란 시기가 참 복잡합니다. 프랑스는 나폴레옹전쟁(1803~1815)이 끝나고 난 뒤 여기저기서 움트던 새로운 개혁의 시도들이 자꾸 좌절되던 상황이었습니다. 영국도 별로 다르지 않았어요. 글래드스턴(William Ewart Gladstone, 1809~1898) 같

피털루 학살을 묘사한 그림.

은 서민적인 수상이 등장하고 개혁적인 분위기가 조성되는가 싶다가도 또 어이없이 좌절되고, 조금이나마 진보적인 흐름이 나타나는 것 같다가도 다시 후퇴하고 그런 양상을 보였던 시기입니다. 이런 시간이 존 스튜어트 밀이 스무 살이 되던 해까지 쌓여갔습니다.

가장 상징적인 예로 1819년 8월 16일 벌어진 '피털루 사건 (Peterloo Massacre, Battle of Peterloo)'을 들 수 있습니다. 잉글랜드 맨체스터의 성 피터 광장에 약 육만에서 팔만 명에 이르는 시민들이 모여 의회체제 개혁을 요구하고 있었는데, 이들에게 요먼대가 돌격하여 열다섯 명을 죽이고 사백에서 칠백 명가량 시민에게 부상을 입힙니다. 그런데 여러분, 워털루 전투를 아시지요? 나폴레옹이 영국·프로이센 연합군과 벨기에 남동부 워털루(Waterloo)에서 전투를 벌였다가 대패하면서 결국 나폴레옹 1세의 시대를 끝내게 된 유명한 전투입니다. '워털루' '피털루'는 각각 개별의 고유명사입니다만, 비슷한 음절 때문인지 영국에서는 워털루 피털루를 비교하는 재미있는 노래도 있습니다.

우리나라 역사학자 가운데는 피털루 사건을 1919년의 3·1 만세운동과 비교하는 분도 있는데, 제가 보기엔 경우가 조금 다릅니다. 피털루 사건에 대해 간단하게 설명드릴게요. 1815년, 나폴레옹 전쟁이 끝나고 난 뒤 영국엔 오랜만에 평화가 찾아옵니다. 나폴레옹이라는 정복자가 역사의 무대에서 사라지면서 영국은 엄청난 국가적 위기 상황을 뒤로하고 평화기에 접어든 것입니다. 한 국면이 지나고 새로운 개혁이 막 시작되려는 참이었죠. 자연스레 개혁의 뜻을 품은 젊은 사상가들이 나타났고 진보적인 움직임도 일기 시작했습니다. 그러다 보니 노동자들이나 상인들의 발언이 많아졌고, 그 과정에서 언론 출판의 길이 다양해지면서 일반 시민계층의 의견과 새로운 욕구들이 표출되었습니다. 상황이 이렇게 급변하자 정부―그전보다는 조금 진보적인 정부였지만―는 "뭐, 일반 시민들이 자기 의견을 낸다고? 아무리 그래도 이건 아니지!" 하면서 언론 출판을 억제하는 법들을 만들게 됩니다. 이런 악법들이 제정되면서 사람들이 또 저항하게 되는데요. 피털루 사건은 바로 그 과정에서 발생한 학살 사건이었습니다.

당시 피털루에 모인 사람들을 십만 명까지 추산하기도 합니다만, 여기서는 정확한 숫자보다 영국 역사상 그처럼 많은 군중이 모인 대규모 집회가 처음이었다는 사실이 중요합니다. 그런데 이 집회에서 영국 정부는 군경을 동원하여 대중의 요구를 무참하게 짓밟습니다. 문자 그대로 '영국 역사상 최초의 민중반란'이라고 할 수 있는데요.

이 사건과 그로부터 백 년 뒤 조선에서 일어난 3·1 운동을 비교하는 것은 여러 가지 요인이나 상황으로 볼 때 조금 무리가 있다고 생각합니다. 이것이 1819년의 사건이었습니다. 존 스튜어트 밀 같은 젊은이들은 대단히 절망할 수밖에 없었어요. 하지만 아무리 권력자라 해도 역사의 흐름 자체를 완전히 봉쇄하지는 못했습니다. 그 뒤로 영국 노동자 계층이나 사회운동에 자극을 주는 인물들이 등장했고 그들의 영향력은 점점 범위를 넓혀가면서 비슷한 사건들을 촉발합니다.

눈여겨볼 만한 일로 토머스 페인(Thomas Paine, 1737~1809)의 책이 출판된 것을 들 수 있습니다. 영국에서 태어났으나 미국 프랑스에서 더 많이 활동했던 토마스 페인은 『상식론

토마스 페인이 긴 종이에 인간으로서 마땅히 누려야 할 권리들을 적고 있다.
프랑스 혁명 시 민중이 사용했던 방어 도구들을 등에 진 채
영국인들에게 군주제를 버리고 공화제를 조직할 것을 주장하는 모습이다.

Common Sense』(1776) 『위기론The Crisis』(1776~1783) 『인간의 권리
Rights of Men』(1791) 『이성의 시대The Age of Reason』(제1부 1794, 제2
부 1796) 등을 저술한 사상가입니다. 특히 『상식론』이 미국 혁명
의 근거를 제시했던 책이라는 점은 그가 영국의 민주주의 혁명
을 추동시킨 굉장히 중요한 사상가임을 증명해줍니다. 토머스
페인은 존 스튜어트 밀보다 훨씬 선배로서 18세기 말부터 19세

기 초엽에 활동했던 사람인데, 그가 저술한 책 중에 『이성의 시대』라는 책이 바로 1819년에 출판되었습니다. 그런데 토머스 페인은 이 책을 출판했다는 이유로 삼 년형을 선고받습니다. 대체 어떤 내용이기에 그랬을까요?

영국은 헨리 8세 이후 성공회가 지배층을 장악했는데, 그 과정에서 여러 이단적인 종교집단이 나타납니다. 물론 토머스 페인은 이단 종파를 만든 사람이 아닙니다. '이신론(理神論)'이라고 해서 이성적 종교를 주장했을 뿐 완전한 무신론자는 아니었습니다. 그는 종교를 이성적으로 판단해야 한다면서 적극적으로 신을 부정하지는 않았지만, 신의 절대성에 대해서는 의문을 가졌습니다. 지금 생각하면 대단히 반동적이거나 반역적인 주장이 아니잖아요? 그런데 단지 종교를 이성적으로 판단해보자, 라고 주장했다는 이유로 토머스 페인은 삼 년 징역형을 선고받게 됩니다.

절망을 극복하는 방법

이렇듯 1815년 이후는 진보와 보수가 서로 갈등을 일으키는 혼란스러운 상황이었습니다. 당시 존 스튜어트 밀은 어린 소년에 불과했습니다. 페인의 책이 출판된 1819년에 겨우 열세 살이었지요. 우리가 보기엔 중학생 나이의 소년이 뭐 그렇게 대단한 생각을 했을까 싶은데, 존 스튜어트 밀은 그 어린 나이에 사회 개혁을 꿈꾼 것입니다. 그런데 청춘의 열정을 밀고 나가기엔 상황이 좋지 않았습니다. 눈앞에 드러난 현실적인 문제들 때문에 실망하고 좌절했습니다. 존 스튜어트 밀은 성장하면서 내내 독서, 글쓰기, 토론과 같은 활동을 정말 꾸준히 해온 사람입니다. 특별히 기뻐하거나 특별히 절망하는 기색 없이, 시대적인 질곡에도 불구하고 본인 나름의 희망이나 개혁에 대한 소망을 지켜나갔어요. 그런데 스무 살이 된 어느 날, 그는 '모든 게 한순간에 끝나버리는 절망의 순간을 겪었다.'고 자서전에 적었습니다. 그가 희망하고 상상해온 모든 것을 거부하고 부정하고 해야 할 만큼 크나큰 정신적인 위기 상황에 내던져진 것입니다. 사실 저는 그가 겪었던 절망의 경지를 충분히 이해하지 못하겠습니다만, 여러분 중에는 동감하실 분이 계실지도 모르겠네요. 아무튼 존 스튜어트 밀은 그런 위기를 겪으면서 그 내용을 아주 절절하고 절실하게 표현합니다.

문제는 그 위기의 내용이 무엇인가, 혹은 위기의 수준이 어느 정도였는가 하는 점이 아니라 그것을 어떻게 극복했느냐 하는 것입니다. 당시 청소년이었던 존 스튜어트 밀에게 그 위기와 충격은 대단히 강렬하고 깊게 다가왔습니다. 우리도 살아가는 동안 종류와 깊이가 다른 다양한 절망을 경험합니다. 저도 그렇고 여러분도 아마 그럴 테지요. 이처럼 누구든 경험할 수 있는 그런 청춘의 회의나 절망을 어떻게 극복하느냐에 따라 인생을 바라보는 시각이나 목표를 설정하고 나아가는 방향이 달라지는데요. 존 스튜어트 밀의 경우는 절망을 극복하는 방법이 조금 특이했습니다.

몇 달 동안 모든 것이 귀찮고 싫고 허무해지고 무료해지고 이러는 과정에서 그는 책을 한 권 읽게 됩니다. 바로 18세기 프랑스 극작가인 마르몽텔(Jean-Francois Marmontel, 1723~1799)이 쓴 『회상록』입니다. 일종의 자서전 비슷한 책이었는데, 마르몽텔은 우리나라에는 잘 알려지지 않은 인물이죠. 존 스튜어트 밀은 마르몽텔의 회상기를 읽으면서 본인이 갇혀버린 절망의 세계에서 문을 열고 나가게 해줄 키를 발견했다고 적습니다. 문제 해결의 단서를 얻은 거죠. 과연 어떤 내용이었을까요?

우선 존 스튜어트 밀을 절망의 구렁텅이에서 건져준 마르몽텔이 어떤 인물인지 알아봅시다. 마르몽텔은 시인이자 소설가이자 극작가였습니다. 백과전서의 편집자인 볼테르의 격려를 받아 파리에 정착했는데 수완이 좋아 본인의 재능 이상으로 화려한 경력을 쌓았다고 합니다. 한때(1771) 왕실의 사료 편찬관으로 일하기도 했으나 프랑스 혁명이 일어나자 시골로 내려가 자서전적인 작품 『회상록』을 썼습니다.

마르몽텔은 젊었을 때 부친상(父親喪)을 당합니다. 그 뒤 힘 겨운 집안 살림을 직접 맡게 되면서 아버지의 몫까지 하게 되지요. 형제들과 어머니를 비롯해 가족을 책임지는 과정에서 그는 나름대로 삶의 의의를 찾았다고 했는데, 존 스튜어트 밀이 꽂힌 부분이 바로 이 내용이었습니다. "이 부분을 읽는 순간 나는 절망에서 일어났다."라고 자서전에 썼을 정도로요. 여러분, 위대한 존 스튜어트 밀을 좀 희화하는 것 같아서 죄송합니다만, 저는 솔직히 '그런 내용을 읽고 절망에서 벗어나다니? 이십 년 동안 차곡차곡 쌓였을 회의와 절망에서 그렇게 한 방에 벗어날 수 있나?' 이렇게 의심을 조금 하게 되었습니다. 지금도 그 생각은 여전한데요. 여러분 의견은 어떤지 궁금합니다.

그래서 이런 생각도 해보았습니다. 존 스튜어트 밀이 느낀 절망의 바닥에, 즉 그의 잠재의식의 맨 밑바닥에 아버지에 대한 어떤 반항심 같은 게 있지 않았을까, 그것이 『회상록』을 읽으면서 아버지라는 존재를 둘러싼 어떤 응어리를 풀게 된 것은 아닐까, 하고 말입니다. 그래서 잠시 오스트리아 출신의 정신분석학자인 지그문트 프로이트(Sigmund Freud, 1856~1939)와 그가 주장한 오이디푸스 콤플렉스(Oedipus complex)를 소환해보려고 합니다.

프로이트는 『꿈의 해석 *Die Traumdeutung*』(1900)을 시작으로 19세기 후반부터 20세기 중반까지 소위 '무의식의 심리학' '잠재의식의 심리학'을 발전시킵니다. 종종 아인슈타인에 비견될 만큼 그의 이론은 인류의 위대한 지적 발견으로 간주되었지요. 프로이트가 말한 오이디푸스 콤플렉스의 요점은 남자아이, 특히 장남은 본능적으로 아버지에게 심리적인 저항감을 갖는다는 것입니다. 반대로 장녀들이 어머니에게 갖는 심리적인 반항은 엘렉트라 콤플렉스(Electra complex)라고 하지요. 존 스튜어트 밀은 프로이트와 생존 시기가 다르므로 그가 살아생전에 이런 이론을 알았을 리 만무합니다. 그러니 1826년에 스무 살이 된 청년 존 스튜어트 밀이 본인이 경험한 절망의 원인을 설명하면서 특히 아버지에 대한 이런 감정을 드러낼 수는 없었겠지요. 물론 아버지에 대한 몇 가지 언급은 있습니다. 주로 독서와 글쓰기에 대한 견해 차이, 혹은 지적 교류에서 나타나는 갈등 같은 것들입니다. 이런 것들을 두고 나타나는 견해 차이를 말하면서 이따금 회의하는 마음을 표현했을 뿐입니다.

그런데 현재의 우리는 조금 다르게 해석할 수 있어요. 프로이트가 20세기에 주장했던 아버지와 아들을 둘러싼 심리적인 어떤 갈등이 19세기 초엽의 존 스튜어트 밀에게 나타났던 것이 아닐까, 하고 말이에요. 존 스튜어트 밀의 자서전을 읽어보면 그는 세 살부터 아버지 서재에 함께 앉아 가르침을 받았습니다. 하루 종일 책을 읽고 쓰고 공부하는 아버지 옆에서 말이에요. 고작해야 어린이집에 갈 나이인 세 살짜리 아이가 하루 종일 고전어를 공부하고 책을 읽었다니, 게다가 자발적으로 읽었다니, 뭔가 좀 이상하지 않습니까? 아무래도 아버지가 "책 읽어!" "나가지 마!" 하면서, 여러분도 많이 들어보았을 그 정도의 잔소리는 하지 않았을까요? 게다가 그의 아버지는 아들이 또래 아이들과 어울리는 것을 엄격하게 금지했으니 이에 대한 반발심도 있었을 겁니다. 매일 아침 아버지와 함께하는 토론 시간에 대한 심리적인 압박도 분명 컸을 테지요. 세 살부터 스무 살까지 지적 성장을 이루어가던 그 과정에서 존 스튜어트 밀의 잠재의식에는 아버지라는 존재가 주는 심리적인 억압과 압박이 분명 있었을 것입니다.

물론 존 스튜어트 밀은 그렇게 이야기하지 않아요. 그도 그럴 것이 밀의 시대에는 '심리학'이라 불릴 만한 분야가 있긴 했지만 그것이 정신분석학 수준으로 발전한 상황은 아니었습니다. 존 스튜어트 밀은 인간의 마음이라든지 정신을 다루는 문제에 관심이 많았습니다. 아버지인 제임스 밀, 제러미 벤담 등도 마찬가지였어요. 그들 공리주의자 역시 인간 심리에 대해 통찰하기를 즐겼습니다. 공리주의자들의 심리학이라는 것은 한 마디로 '관념연합'입니다. 말이 좀 어렵지요? 이들은 "심리란, 인간의 감정이란, 인간의 마음의 구조란, 모두 관념의 연합이다. 생각의 연합이다."라고 주장했습니다. 대단히 이성적인 생각이죠? 프로이트처럼 인간의 정신이나 심리가 무의식에 지배를 받는 거라고 분석하지 않고, 아니 그런 것과는 전혀 관계없이 우리 인간의 마음 상태는 바로 우리 자신의 '생각의 연합'이자 '생각과 생각이 고리로 연결된 것'이라 주장한 것입니다. 즉 이렇게 생각하면 마음은 이렇게 변하고, 저렇게 잘못 생각하면 저렇게 변하는 것으로 본 거예요. 요즘도 그런 이야기 많이 하잖아요? "생각을 고쳐봐! 생각을 달리해! 그러면 마음도 변해." 하고 말입니다.

이 정도 수준이 존 스튜어트 밀이 생각했던 심리학이었습니다. 하지만 정작 본인은 관념의 연합으로서의 본인 심리를 이해하지 못했죠. 그런데, 우연히 접한 마르몽텔의 『회상록』에 등장한 아버지의 죽음을 둘러싼 이야기를 읽다 보니 뭔가 마음 한구석에서부터 응어리가 풀어지는 듯한 느낌이 오는 겁니다. 여러분, 오이디푸스 콤플렉스 이야기가 어떻습니까? 소포클레스가 지은 그리스 비극 「오이디푸스 왕」을 보면 주인공 오이디푸스가 신탁에 따라 친부를 죽이고 어머니와 결혼하잖아요?

어쩌면, 내색은 전혀 하지 않았지만, 존 스튜어트 밀은 어린 시절부터 마음 저 밑바닥에 웅크리고 있었던 아버지에 대한 복잡한 마음을 마르몽텔의 책을 통해 조금씩 해소했는지도 모릅니다. 그러나 그의 불안하고 어지러운 마음에 결정적인 출구를 제공한 것은 시(詩)입니다.

존 스튜어트 밀, 시를 만나러 갑니다

19세기 영국의 문학은 대단했습니다. 여러분도 한 번쯤 이름을 들어보았을 작가들이 그 시대에 포진해 있답니다. 먼저 소설가 제인 오스틴(Jane Austen, 1775~1817)이 있습니다. 그녀의 작품은 영화로 자주 다루어지고 그녀 자신의 이야기도 영화 소재가 될 만큼 유명한 작가입니다. 『이성과 감성*Sense and Sensibility*』(1811) 『오만과 편견*Pride and Prejudice*』(1813) 『설득*Persuasion*』(1817) 등이 특히 많이 알려졌습니다. 브론테 자매도 있습니다. 『제인 에어*Jane Eyre: An Autobiography*』(1847)를 쓴 샬럿 브론테(Charlotte Brontë, 1816~1855), 『폭풍의 언덕*Wuthering Heights*』(1847)을 쓴 에밀리 브론테(Emily Brontë, 1816~1855), 그리고 막내 앤 브론테(Anne Brontë, 1820~1849)입니다. 『크리스마스 캐롤』

(1843) 『두 도시 이야기*A Tale of Two Cities*』(1859)로 유명한 찰스 디킨스(Charles John Huffam Dickens, 1812~1870), 『더버빌가의 테스*Tess of the d'Urbervilles*』(1891)로 당대 사람들에게 충격을 주었던 토머스 하디(Thomas Hardy, 1840~1928)도 있고, 「차일드 해럴드의 편력*Childe Harold's Pilgrimage*」(1812~1818)을 쓴 낭만파 시인 바이런(George Gordon Byron, 1788~1824), 「서풍의 노래*Ode to the West Wind*」(1820)로 유명한 퍼시 비시 셸리(Percy Bysshe Shelley, 1792~1822)도 있습니다. 이 많은 문인 중에서 존 스튜어트 밀은 딱 한 사람을 꼽습니다. 절망에 빠진 스무 살 청년의 마음을 어루만진 시인은 바로 윌리엄 워즈워스(William Wordsworth, 1770~1850)였습니다. 존 스튜어트 밀은 워즈워스의 어떤 매력에 흠뻑 빠졌을까요?

워즈워스는 자연을 예찬한 것으로 유명한 시인입니다. "자연으로 돌아가라."는 장 자크 루소(Jean-Jacques Rousseau, 1712~1778)의 선언을 가장 절절하게 시로 표현한 자연파 시인이자 낭만파 시인이며 자연주의 시인입니다. 워즈워스는 영국 중부 레이크 디스트릭트에 살면서 자연을 예찬하는 시를 많이 썼는데요. 존 스튜어트 밀은 그중 특히 산을 예찬한 시를 무척이나 좋아했습니다. 그 자신 열네 살 무렵 프랑스에서 일 년간 유학하면서 몽펠리에서 느꼈던 그 장엄한 추억이 워즈워스의 시에 나오는 산악미와 겹쳐져 감동이 몇 배로 커진 것입니다. 자연미에 대한 시적 감흥은 존 스튜어트 밀이 자신의 절망을 극복하는 데 가장 요긴하게 쓰인 좋은 해독제였습니다. 본인 스스로 이런 이야기를 자서전에서 할 정도지요. 그런데 존 스튜어트 밀의 자서전을 아무리 뒤져보아도 워즈워스의 어떤 시가 그렇게 좋았는지는 나오지 않았습니다. 그래서 저는 시를 잘 모르는 사람이지만, 워즈워스의 시 가운데 몇 편을 골라 여러분에게 소개할까 합니다. 요즘 전 세계를 뒤덮은 '코로나블루'라든지 한국인의 특수현상인 '수능블루' 같은 절망적인 상황을 조금이나마 타개해줄지도 모른다는 마음으로요.

워즈워스의 시 가운데 가장 유명한 것은 「초원의 빛」입니다. "한때는 그리도 찬란한 빛이었건만 / 이제는 속절없이 사라진 / 다시는 돌아올 수 없는 / 초원의 빛이여, 꽃의 영광이여……." 이렇게 첫 연이 시작되는 시입니다. 옛날에 워렌 비티라는 배우와 나탈리 우드라는 여자배우가 주연으로 나왔던 같은 이름의 로맨스 영화도 있는데, 아마 조부모님께 여쭤보면 고개를 끄덕이실 겁니다. 또 잘 알려진 것으로 「무지개」가 있습니다. 이 시의 마지막 연에 나오는 "어린이는 어른의 아버지 / 바라노니 나의 하루하루가 / 자연의 믿음에 매어지고자."가 아주 유명합니다.

그런데 저는 워즈워스 시집을 새로운 마음으로 쭉 읽다가 '존 스튜어트 밀이 좋아했던 시가 어쩌면 이것일지 모른다.'고 짐작이 가는 시를 한 편 발견했습니다. 흔히 「수선화*Daffodils*」라는 제목으로 알려졌지만 정식 제목은 「나는 구름처럼 외로이 헤맸네*I Wandered Lonely as a Cloud*」입니다. 제가 번역한 것은 아니지만 한번 읽어드리겠습니다.

나는 골짜기와 산 위를 높이 떠도는 구름처럼
　　외로이 헤맸네.
그러다 문득 한 무리 꽃을 보았네.
무수한 황금빛 수선화.
호숫가 나무 밑에서 미풍에 흔들리며 춤추는 것을.
그들은 은하수에서 반짝이는 별들처럼 이어져
호숫가를 따라 돌며 끝없이 끝없이 피어 있었네.
수선화 꽃송이가 한눈에 들어왔네.
머리 까닥대며 흥겹게 춤추는 모습이.
반짝이는 물결 그 곁에서 춤을 췄으나
꽃들의 흥겨움 한결 더 했네.
그처럼 유쾌한 무리와 어울리니 시인인들
　　즐겁지 않을 수 있을까.

나는 보고 또 보았지만 그땐 미처 몰랐네.

그 광경이 내게 얼마나 값진 걸 주었는지.

지금도 가끔 긴 의자에 누워 마음을 비우거나

   생각에 잠길 때면

고독의 축복이라 할 수 있는 마음의 눈에

그 수선화들 문득 스쳐 가곤 하네.

그러면 내 가슴 기쁨으로 가득 차

수선화들과 함께 덩실덩실 춤을 춘다네.

어떤 느낌이 드나요? 왠지 존 스튜어트 밀이 좋아했을 것 같죠? 스무 살이면 감수성이 풍부한 나이입니다. 청년 존 스튜어트 밀은 이런 시들을 읽으면서 처음으로 어떤 '시적 감흥'을 느꼈던 것입니다. 워즈워스와 함께 좋아했던 또 한 사람의 시인은 콜리지(Samuel Taylor Coleridge, 1772~1834)였습니다. 콜리지는 워즈워스와 함께 활동했던 자연파 시인으로 워즈워스를 포함한 로버트 사우디(Robert Southey, 1774~1843)와 더불어 '호반의 시인(Lake Poets)'이라고 불렸습니다.

아마도 존 스튜어트 밀은 이런 시들을 읽으면서 산책하고 방황도 하면서 이십 대를 보낸 것 같습니다. 여러분 가운데도 어떤 감성적인 경험에 큰 자극이나 영향을 받아 진로를 바꾸거나

새뮤얼 콜리지.　　　　　윌리엄 워즈워스.

목표를 새로 세우거나 하셨던 분들이 있을지 모르겠습니다. 어쩌면 곧 그런 경험을 하실지도 모르고요. 존 스튜어트 밀의 경우에는 이제 시와 예술에 눈을 뜨면서부터 벤담과 아버지 제임스 밀의 공리주의에 대해서 본격적으로 회의하기 시작합니다. 그러면서 시와 예술, 인간의 감정, 정서, 공리적으로 가치를 매길 수 없는 쾌락과 고통, 행복과 불행에 대해 골몰하게 됩니다.

새로운 사회의 조짐

존 스튜어트 밀은 공리성, 현실성, 실리성 들처럼 눈에 그 기준이 딱 보이고, 정확한 결과치를 계산 가능한 그런 것들이 아니라 현실적인 잣대로는 판단 불가능한 인간의 다양한 가치와 사회의 가치들에 주목했습니다. 특히 자유, 인권, 평등 이런 가치들을 중요하게 여기게 됩니다. 그러면서 개인의 독립과 같은 가치에 대해서도 새롭게 접근합니다. 시와 예술을 통해서 그 나름으로 심리적으로나 정신적으로나 정서적으로 좀 더 풍성한 회복의 계기를 만들 수 있게 된 것이지요. 존 스튜어트 밀은 이 내용을 자서전에도 기록했습니다.

여러분, 저는 이런 경험이 누구에게나 가능하고 또 필요하다고 봅니다. 이런 과정을 통해서 존 스튜어트 밀은 열네 살 무렵 프랑스에 유학하며 경험했던 정서, 또 그때까지는 분명하지 않았지만 뭔가 가슴 속에서 싹 틔울 준비를 하고 있던 사회개혁에의 꿈과 의지를 키워나가게 됩니다. 우리나라에서는 사회주의라고 하면 공산주의와 바로 연결하면서 적대시하는 경향이 있는데요. 사회주의와 공산주의는 당연히 다릅니다. 존 스튜어트 밀이 꿈꾼 것은 생-시몽(Saint-Simon, 1760~1825)으로 상징되는 시민의 연대와 배려가 기본이 되는 사회였습니다. 생-시몽은 사람을 통해서 인류가 잃어버린 형제애, 인류애, 연대감들을 회복하자는 의미의 사회주의, 그러니까 산업사회 이전의 전근대 사회에서 그나마 유지되었던 어떤 사회적 가치나 연대적 가치를 되찾아야 한다고 주장한 사람인데요. 밀은 그의 생각에 동조했습니다.

중세사회를 한번 떠올려보세요. 영주와 농노 사이에는 상호 보호와 노동 제공이라는 연대가 있었습니다. 비록 전근대적이고 봉건적이었지만 지주와 농노 사이에 존재했던 그런 끈끈한 감정적 연대는 우리가 함께 살아가는 사회의 근본을 회복하는 데 매우 중요한 가치입니다. 이런 주장이 존 스튜어트 밀의 머리에 들어오기 시작한 겁니다. 그러면서 합리적인 계산이나 이성적인 판단만으로는 한 인간의 가치를 제대로 판단할 수 없을뿐더러 사회적인 문제도 해결할 수 없다고 생각하게 됩니다. 결국 공리적이고 합리적이고 계산적인 그런 가치 외에 그 어떤 것으로도 이해할 수 없는 사람과 사람 사이의 연대, 서로를 이어주는 끈끈한 감정들…… 이런 것이 우리에게 필요하다고 확신하게 됩니다. 예를 들어 우정이나 사랑, 믿음 같은 근본적인 가치는 온전히 경험할 수 없다 해도 인간이 살아가는 데 필요한 것 아니겠느냐, 라는 뜻이지요. 이 모든 각성은 고독한 존재에게 위안을 주는 시의 감성이 얼마나 중요한지 깨달은 덕분입니다. 감성을 표현하고 다스리게 해주는 시의 세계를 경험했다는 것은 곧 가장 고독한 존재로서 서야 했던 청년 존 스튜어트 밀에게 대단히 절실한 경험이었습니다.

존 스튜어트 밀은 다시 프랑스로 여행을 떠납니다. 1826년에 경험했던 혁명의 기운을 1830년 7월에 다시 온몸으로 느끼게 되는데, 그는 프랑스에 도착하자마자 당시 프랑스 7월 혁명의 핵심 인물이었던 라파예트(Marquis de La Fayette, 1757~1834)를 만납니다. 라파예트는 프랑스의 정치가이자 군인으로서 미국에 독립전쟁이 일어나자 독립군에 참가했습니다. 프랑스 국민의회에 미국의 독립선언과 비슷한 '인권선언안'을 제출했고, 바스티유 함락 후에는 입헌왕정을 실현하려고 노력했습니다. 1830년의 프랑스 7월 혁명 시에는 시민 측의 지도자로 활약했지요. 바로 그 라파예트를 존 스튜어트 밀이 찾아가 회견도 하고 인터뷰도 한 것입니다. 이 과정에서 그는 새로운 사회의 조짐을 프랑스에서 발견하고 매우 감격하지요. 변화하는 프랑스 사회에서 대단히 합리적이고 비판적인 기준으로 무장한 공리주의를 가뿐히 넘어서는 새로운 가치를 발견했기 때문입니다. 계산이나 합리성으로만 판단할 수 없는, 인류애적이고 인간애적인 어떤 것, 인간연대의 본질을 보여주는 그런 고유성이었습니다. 존 스튜어트 밀은 이런 가치들이 혁명의 계기가 되고 사회변화의 계기가 되는 것이라고 확신했습니다.

청년 존 스튜어트 밀은 사회변화가 법 개정이나 정책 개정 등 정부구조의 변화만으로 해결될 수 없다고 확신했습니다. 그보다 좀 더 인간적인 가치들을 회복하는 것이 중요하다고 여긴 것입니다. 그 자신 청춘의 위기를 경험하면서 느낀 바가 크게 작용한 것으로 보이는데요, 이를테면 꽤 심각했던 정신적 위기를 시로 다스리는 과정 등을 통해 사회변화에 대해서도 새로운 관점을 얻게 되었던 거죠.

저는 이 부분이 존 스튜어트 밀의 자서전에서 매우 중요한 지점이라고 봅니다. 물론 그렇다고 해서 존 스튜어트 밀이 합리주의나 이성주의를 전적으로 부정한 것은 아닙니다. 그는 사실 좀 나쁘게 말하면 '절충주의'입니다. 좋게 말하면 '실천적 절충주의'인데요. 존 스튜어트 밀이 항상 극단적인 태도를 피해왔기 때문에 붙은 이름 같습니다. 이렇게 해서 그는 나이 스물에 맞이한 정신적 위기의 폭풍을 온몸으로 맞아낸 뒤 다시 일어섭니다. 그동안 자신이 추구해온 것을 이루기 위해서죠. 청춘의 회의 뒤에 더 단단해진 존 스튜어트 밀은 이제 어떤 모습으로 우리에게 찾아올까요?

건강

존 스튜어트 밀의
아버지

인문
교양
035

내 친구
존 스튜어트 밀

자서전으로 만나는 19세기 아리스토텔레스

박홍규 지음

이 책은 2020년에 EBS 클래식에서 방영한 강의를 책으로 만든 것입니다. 그때 "오늘날 존 스튜어트 밀을 탐구하는 의의는 어디에 있을까? 비판적인 시각으로 그가 남긴 사상적 유산을 바라본다."는 취지로 강의를 진행했습니다. 우리나라에서는 존 스튜어트 밀을 무조건 숭배하는 경향이 있기 때문입니다. 물론 그에게는 우리가 본받아야 할 점이 많습니다. 특히 사상의 자유나 노동자의 권리를 비롯한 인권을 강조한 점이 그렇습니다. 그러나 엘리트주의자라거나 제국주의자라고 볼 여지도 많아 비판적으로 검토할 필요도 있습니다.

그의 영재교육에 대해서도 마찬가지로 양면이 있습니다만, 그의 교육관이 무엇보다도 아동의 개성을 존중해야 한다는 점, 자유의 본질은 다양성에 있다는 점 등은 아무리 강조해도 지나치지 않는 점입니다. 그런 점에 공감하여 이 강의를 만들어 방영해주고 책으로 내는 데 기꺼이 동의해준 EBS 측과 녹화를 풀어 글을 다듬어준 푸른들녘에 감사드립니다.

2021년 5월 경산에서

박홍규

차 례

1강

19세기 영국을
뒤흔든 천재

존 스튜어트 밀이 영재라고요?

존 스튜어트 밀(John Stuart Mill, 1806~1873)은 어떤 사람일까요? 19세기 사람인 그를 21세기를 살아가는 우리가 굳이 알아야 하는 이유는 무엇일까요? 더구나 19세기는 인류가 기리고 추억할 만한 시대도 아닙니다. 이전부터 진행되어온 서구 열강의 제국주의가 전 세계로 확대되었고, 대영제국, 러시아제국, 독일제국은 물론 공화국을 자처했던 프랑스와 미국까지 호시탐탐 침탈의 야욕을 드러냈던 시기였습니다. 그 결과 아시아의 여러 나라가 서양의 식민지로 전락하는 아픔을 겪었습니다. 한국의 역사에서도 19세기는 평탄하지 않습니다. 조선의 순조부터 대한제국의 고종에 이르는 이 시기에 우리는 사회의 근간이 흔들리

세실 존 로드의 케이프-카이로 철도 계획을 풍자한 그림.
영국의 아프리카 남북 분할의 상징이다.

는 여러 사건에 직면합니다. 존 스튜어트 밀은 이런 혼란의 19세기를 고스란히 관통한 사람입니다.

그는 무엇보다 『자유론 On Liberty』(1859)의 저자로 유명합니다. 정면에서 혹은 측면에서 찍은 인물 사진을 쓴 표지가 제일 많은데요, 아마 여러분도 보시면 "아, 이 사람!" 할 겁니다. 그만큼 『자유론』은 널리 알려진 책입니다. 그 외에 유명한 저서로 『여성의 종속(여성의 예속) The Subjection of Women』(1869)

1870년경의 초상화

이 있습니다. 19세기 남성 중심 사회에서 '여성 해방'과 '페미니즘'을 외친 선구적인 책이지요. 그런데 자녀를 키우는 부모님들에게는 밀이 영재교육의 모델이기도 합니다. 『자유론』의 저자 존 스튜어트 밀이 영재교육의 전형적 모델이라니, 조금 놀라운 등장입니다.

보통 '영재'라고 하면 아이큐(IQ)를 가장 먼저 떠올립니다. IQ는 'intelligence quotient'의 줄임말인데, 한마디로 '지능 발달 정도를 나타내는 검사의 결과를 나타내는 수치'입니다. 프랑스의 비네(Alfred Binet, 1857~1911)를 지능검사 창시자 중의 한 사람으로 보고, 독일의 슈테른과 미국의 터먼 등이 그 뒤를 이은

연구자로 보는 것이 보편적입니다. 그러나 인간의 지능은 생애 주기 동안 일정하게 발휘되는 것도 아니고, 이를 단지 수리통계학에 의존한 숫자로만 표시하는 것은 무리라는 견해가 힘을 얻고 있습니다. 하지만 존 스튜어트 밀을 영재로 본 데엔 그의 높은 아이큐가 기준이 되었다고 하니 그 앞뒤 사정을 한번 살펴봅시다.

밀은 아이큐가 182.5라고 합니다. 그런데 존 스튜어트 밀은 19세기 사람이에요. 1806년에 태어나서 1873년에 죽었으니까 태어난 것만 해도 한 214년 전이고, 죽은 것도 150년이 훨씬 지난 먼 옛날 사람입니다. 반면에 아이큐는 20세기에 들어와서 생긴 개념입니다. 그마저도 요새는 아이큐 대신 이큐(EQ; Emotional Quotient)라는 개념을 더 선호하는 시대이니, 밀의 아이큐 논의는 어쩌면 뜬금없는 소리처럼 들릴지 모르겠어요. 여러분은 그저 '밀이 지적으로 매우 뛰어난 사람이었다.'는 점을 강조하기 위해 아이큐라는 표현을 가져다 쓰나 보다, 정도로 생각하면 좋겠습니다.

존 스튜어트 밀은 세 살 때 고대 그리스어를 습득하고, 여덟 살 때 라틴어를 배웠다고 합니다. 덕분에 열 살이 되기 전까지 그리스와 로마의 고전들을 완전히 체득할 수 있었어요. 그뿐이 아닙니다. 다섯 살에 프랑스어를 배우고, 열두 살부터는 독

일어와 이탈리아어 등을 배우고 익히면서 유럽의 거의 모든 언어를 터득했습니다. 비단 언어뿐만이 아닙니다. 그의 학문적 재능은 다른 분야에서도 꽃을 피웠습니다. 일찌감치 수학과 자연과학을 공부했고, 열두 살 무렵에는 논리학을, 열세 살부터는 정치학과 경제학에 도전해 이치를 깨우쳤다고 합니다. 세 살부터 시작해서 십여 년 사이에 밀은 그때까지 선조들이 일궈놓은 서양의 모든 학문과 예술, 문학의 결과를 섭렵한 천재로 소문이 났습니다. 그가 실제로 자신이 공부한 것을 어느 정도 이해했는지 알 수 없지만, 위와 같은 이야기가 자서전에 나옵니다.

역사 속의 천재들

사실 '자서전'에는 대개 자신이 자랑할 만한 이야기를 쓰게 마련입니다. 자신의 약점이나 잘못한 점을 세세히 밝히는 자서전은 거의 보지 못했습니다. 밀은 자서전에 교육, 특히 영재교육에 대한 내용을 많이 담았습니다. 그 결과 존 스튜어트 밀의 자서전이 출간되자 유럽 사람들은 그의 천재성에 깜짝 놀랍니다. 어쩌면 그가 인류 역사상 가장 지능이 뛰어난 사람일지도 모른다며 존 스튜어트 밀을 연구하는 학자들도 나타났습니다.

최근에도 이와 비슷한 이야기가 있었습니다. 2018년 〈이슈 노트〉라는 유럽의 잡지가 이런 내용을 발표했습니다. '인류 역사에는 여섯 명의 천재(영재)가 있다.'고 말입니다. 여러분은 역사상 가장 머리가 좋은 사람, 혹은 지적 능력이 가장 우월했던 사람을 누구라고 생각하세요? 위 잡지의 내용에 의하면, 인류 역사상 제일 머리가 좋은 사람은 독일의 문인인 요한 볼프강 폰 괴테(Johann Wolfgang von Goethe, 1749~1832)라고 합니다. 여러분도 『젊은 베르테르의 슬픔Die Leiden des jungen Werthers』 (1774)이나 『파우스트Faust』(1808·1832) 같은 작품을 아실 겁니다. 괴테는 소설가이자 시인이었을 뿐만 아니라 광물학·식물학·골상학·해부학을 연구한 과학자이기도 했습니다. 그야말로 다방면에 천재적인 역량을 보인 '통섭의 대가'죠. 두 번째는 설명이 필요 없는 천재 레오나르도 다 빈치(Leonardo da Vinci, 1452~1519), 세 번째가 만유인력의 원리를 확립한 뉴턴(Sir Isaac Newton, 1642~1727)입니다. 네 번째는 독일의 철학자이자 수학자이자 물리학자인 라이프니츠(Gottfried Wilhelm Leibniz, 1646~1716)고, 다섯 번째가 바로 존 스튜어트 밀입니다. 마지막 여섯 번째는 이탈리아 르네상스 말기의 물리학자이자 천문학자이며 철학자였던 갈릴레이(Galileo Galilei, 1564~1642)입니다. 지동설을 주장했다가 종교적인 박해를 당한 사람이지요. 이렇

듯 2018년 발표에서는 존 스튜어트 밀이 오 등을 했습니다. 그 전까지만 해도 그가 세상에서 가장 지능이 좋은 사람이라고 이야기되었는데 말이에요. 하지만 앞에서 말씀드렸듯이 19세기에는 아이큐란 개념이 없었습니다. 존 스튜어트 밀이 아이큐 테스트를 받았다는 기록도 없고요. 그러니 신빙성을 따질 사안은 아닌 듯합니다.

2018년에 발표된 여섯 명의 천재들. (좌상으로부터 시계방향으로) 1등 요한 볼프강 폰 괴테 2등 레오나르도 다 빈치 3등 아이작 뉴턴 4등 고트프리트 빌헬름 라이프니츠 5등 존 스튜어트 밀 6등 갈릴레오 갈릴레이

아버지 제임스 밀의 홈스쿨링

우리는 대개 지능이 뛰어나면 학문이나 예술에 대한 이해력이 월등하고 사고력도 보통사람에 비해 크게 향상되었을 거라고 봅니다. 이런 의미에서 존 스튜어트 밀은 영재의 전형이 틀림없는데요. 일반 사람들이 궁금해하는 것은 '그가 어떻게 영재가 되었나' '영재가 되는 어떤 교육을 받았을까' 하는 점입니다. 19세기에 요즘음처럼 특별한 영재교육기관이 있었을 리 없으니까요.

우선 존 스튜어트 밀의 자서전 1장을 봅시다. 첫 페이지에 재미있는 내용이 나옵니다. 여기서 그는 자서전을 쓰는 이유를 밝힙니다. 먼저 밀은 지금까지 학교 교육 때문에 자신의 재능을 낭비한 숱한 젊은이들에게 과연 그 교육이 필요했는지 의문을 제기합니다. 그러면서 집에서 받는 교육의 이점을 언급했는데요, 그는 자신을 영재로 교육한 사람이 아버지인 제임스 밀(James Mill, 1773~1836)이라고 말해요.

제임스 밀은 영국의 계몽주의자이자 공리주의 철학자, 정치학자, 경제학자, 역사학자이자 동인도회사의 간부였습니다. 그는 홈스쿨링으로 아들을 가르쳤습니다. 당연히 존 스튜어트 밀은 학교에 간 적이 전혀 없겠죠. 학원 같은 곳에도 다닌 적이 없습니다. 우리나라에서는 아이들이 서너 살 정도만 되어도 여

아들을 영재로 키운 아버지 제임스 밀.

러 학원에 다니느라 엄청 바쁜데 말이에요. 이렇게 존 스튜어
트 밀은 십여 년 이상 오로지 아버지한테서만 교육을 받습니
다. 당시 가난한 문필가였던 아버지는 신문에 원고를 투고하고,
거기서 나온 원고료를 받아 겨우 살아갔는데요. 그는 자신이
글을 쓰는 동안 옆에 세 살짜리 아들을 앉혀놓고 같이 공부하
게 했습니다.

　아버지는 존 스튜어트 밀이 태어날 무렵인 1806년부터 책
한 권을 쓰기 시작합니다. 그 책이 바로 한 권에 500~600페이
지 정도 되는 총 여섯 권 분량의 『영국령 인도의 역사*The History*

of British India』(1818)입니다. 19세기에 출판된 영어책은 현대 영어책보다 활자가 작습니다. 돋보기로 들여다봐야 할 정도예요. 그런 작은 글씨로 500~600페이지를, 그것도 총 여섯 권이나 되는 책을 집필했다니, 정말 놀라운 일 아닙니까? 아버지 제임스 밀은 그 방대한 저작을 십몇 년에 걸쳐서 완성했는데요. 그것이 결국 대표적인 저작으로 남게 됩니다. 그런데 이 저작은 제임스 밀이 오직 자료와 기록에 근거해서 쓴 것입니다. 당시 식민지였던 인도에 단 한 번도 방문하지 않고 말이에요. 게다가 인도 혐오와 동양에 대한 적대감을 불러일으킬 만한 내용이 많아서 후대에 많은 비판을 받습니다.

그가 글을 썼던 과정과 아들을 교육했던 과정은 시기적으로 겹칩니다. 사실 존 스튜어트 밀은 태어나면서부터 고대 라틴어 같은 걸 줄줄 외우는 그런 천재가 아니었습니다. 아이큐가 182.5니 하는 평가도 후세 사람들이 만들어 전한 이야기입니다. 아버지 제임스 밀에게—어머니에게도 마찬가지였지만— 존 스튜어트 밀은 특별한 아이가 아니었습니다. 본인도 "나는 평범한 아이였다. 내가 천재가 된 것은 오직 교육의 힘이다."라고 고백했을 정도입니다. 이어서 그는 "아버지 한 사람의 힘이다."라고 썼습니다. 그러고는, 평범했지만 아버지의 교육 덕분에 나름대로 일정한 지식수준을 성취했고 사람들이 흔히 말하는 영재

가 되었다, 라고 이야기합니다. 나아가 존 스튜어트 밀은 시간만 낭비하는 잘못된 영국의 학교 교육에 경고를 보내고 싶다고 말했습니다.

고전 읽기로 시작한 영재교육

그는 아주 평범한 아이였습니다. 특별한 재주도 없었다고 해요. 그럼에도 열두 살 무렵부터 열여섯 살에 이르는 동안 보통 성인 남자가 삼사십 대에 갖게 되는 수준의 지식을 습득했다고 합니다. 자서전을 쓴 이유도 그 비결을 사람들에게 알려주기 위해서라고 했지요. 여러분도 존 스튜어트 밀처럼 될 수 있습니다. 그렇다면 평범하게 태어난 그가 어떻게 해서 천재적인 사상가로 자랄 수 있었는지 살펴봅시다.

먼저, 그의 아버지는 세 살밖에 안 된 존 스튜어트 밀에게 고대 그리스어를 가르치기 시작합니다. 기원전 2500~2600년 전 고대 그리스에는 아테네를 중심으로 활동했던 소크라테스, 플라톤, 아리스토텔레스 같은 철학자들과 아리스토파네스, 소포클레스 같은 많은 희비극 작가들, 투키디데스 같은 역사가들이 있었습니다. 이들이 바로 오늘날 우리가 고전 중의 고전으

로 받드는 '그리스 고전'의 주인공들이자 흔히 서양문화의 기초라고 불리는 '그리스 문화'의 초석을 다진 사람들입니다.

아버지 제임스는 고대 그리스 문화를 아들에게 가르치기 위해서 우선 단어장을 만들어주었습니다. 여러분도 단어장을 사용하는지 모르겠습니다만, 제가 중고등학교에 다니던 시절엔 단어장으로 영어나 독일어 같은 외국어를 공부했습니다. 손바닥만 한 노트 한 페이지를 반으로 나누어 왼쪽에는 원어를 적고, 오른쪽에는 한국어로 해석된 뜻을 적었습니다. 버스를 타거나 길을 걸을 때 혹은 학교에서 자투리 시간이 나면 그 단어장을 꺼내 들고 틈틈이 외웠지요. 이제는 머나먼 추억이 되어버렸습니다.

밀의 아버지는 우선 고대 그리스어의 기본 단어들을 단어장에 써주었습니다. 점차 익숙해진 다음에는 명사와 동사의 변화를 알려주었지요. 고대 그리스어나 라틴어 같은 서양의 언어들은 명사나 동사, 형용사 등에 변화 어미가 붙는 것들이 제법 있습니다. 그러나 하나하나 외우게 하고 확인하기보다는 변화하는 기본 원리만 알려주고는 바로 고대 그리스어로 쓰인 철학과 문학, 역사서 등을 읽게 했습니다. 요즘 식으로 표현하면 '원서 강독'쯤 되겠네요. 이게 가능한지 의아해하는 분들이 있을 겁니다. 저는 그런 교육을 받아본 적이 없고, 막상 제 아이들을

키울 때는 존 스튜어트 밀이 받은 교육법에 별로 흥미를 갖지 못했습니다. 지금으로부터 한 삼사십 년 전인데, 그때 저는 존 스튜어트 밀을 별로 좋아하지 않았습니다. 당시의 한국 사회는 매우 복잡한 변화를 요구하는 시대였습니다. 저는 노동법을 공부하는 사람으로서 노동문제에 관심이 많았고요. 존 스튜어트 밀이 받은 영재교육에 대해서는 '그런 것을 해서 뭐 하냐?'는 생각이었습니다. 제 나름의 교육철학이 있다면 자발적으로 공부하도록 무조건 내버려두는 것입니다. 비틀즈의 노래에 나오는 '렛잇비'가 제 교육의 기본방침이라고 할 수 있겠네요.

존 스튜어트 밀이 받은 교육을 제가 해볼 기회는 앞으로도 없을 것 같습니다. 그래서 다른 아이들에게도 이런 방법이 가능할지 장담할 수 없지만, 존 스튜어트 밀에겐 가능했습니다. 그의 아버지는 아들이 세 살일 때부터 시작해서 열서너 살까지 기본적으로 고전을 가르쳤습니다. 아침 식사를 하기 전, 그는 아들과 한두 시간 정도 산책하면서 어제 읽고 이해하고 외운 책의 내용을 떠올려보라고 했습니다. 그러고는 아들과 질의응답을 했습니다. 묻고 답하는 것을 되풀이한 것입니다. 집 주변의 숲속을 거닐면서 부자가 끝없이 묻고 답하는 장면을 떠올려보세요. 겨우 세 살짜리 아들이랑요.

교육의 핵심은 묻고 답하기다

존 스튜어트 밀이 태어난 곳은 런던 북부입니다. 런던에서 태어나 거의 평생을 런던에서 살았는데 그가 태어난 곳은 당시 과수원이 펼쳐진 시골이었어요. 지금 그곳에는 킹스크로스라고 하는 기차역이 있습니다. 런던에서 파리로 가거나 파리에서 런던으로 갈 때 보통 도버해협 지하를 건너는 초고속 열차를 이용합니다. 이것을 '유로스타'라고 부르는데 파리에서 유로스타를 타면 닿는 곳이 런던의 제일 북쪽에 있는 킹스크로스 역입니다.

킹스크로스라고 하는 이름처럼 영국 지명에는 킹이나 퀸 같은 단어가 많이 붙습니다. 1806년 존 스튜어트 밀이 태어날 무렵 킹스크로스 지역은 시골구석이었지만 영국의 산업혁명이 시작되면서 1850년 전후에는 산업혁명을 상징하는 증기기관차가 출발하는 곳으로 각광을 받았습니다. 그러니 땅값이 엄청나게 비싸졌지요. 그러다가 19세기 후반에는 버려진 땅처럼 되어버리고 20세기에는 빈민촌으로 변했어요. 이곳은 1998년에 영국 도서관*이 킹스크로스 역 근처로 옮겨지면서 다시 유명해졌

---

* 대영 도서관(British Library), 약칭 BL은 영국의 국립 도서관이다. 런던에 본거지를 두고 있는 세계에서 가장 중요한 학술 도서관 가운데 하나다. 세계에서 가장 규모가 큰 수집관이기도 한 이곳은 책, 국회의사록, 신문, 잡지, 소리, 그리고 녹음한 음악, 공판 기록, 데이터베이스, 지도, 도장, 인쇄물, 그림 등 세계의 모든 언어와 형식의 항목을 1억 5천만 개 이상 보유하고 있다. 특히 기원전 300년의 유서 깊은 것을 포함하여 약 2500만 권의 책을 소장하고 있는 것으로 유명하다.

는데요. 원래 영국 도서관은 영국박물관(British Museum) 안에 있었지만, 박물관은 그대로 두고 도서관만 킹스크로스 역 부근으로 옮겼습니다. 영국 도서관은 카를 마르크스(Karl Marx, 1818~1883)가 『자본론Das Kapital』(1867)을 쓴 곳으로 유명합니다. 존 스튜어트 밀도 그곳에 다녔지요. 그러나 어릴 적은 아니었습니다. 다시 그의 어릴 때 공부 이야기로 돌아갑시다.

존 스튜어트 밀이 받은 영재교육의 핵심은 질의응답입니다. 앞에서 잠깐 언급한 것처럼 그의 아버지는 아들과 산책하는 동안 묻고 대답하기를 즐겼습니다. 아버지 제임스 밀은 이 방법을 '소크라테스 메소드'라고 불렀습니다. 소크라테스는 고대 그리스 아테네에서 태어나 일생을 철학적인 문제에 대한 논쟁으로 보낸 사람입니다. 그러나 당시의 소피스트들과 달리 객관적이고 보편타당한 진리를 찾으려고 노력했습니다. 제임스 밀도 소크라테스와 유사한 방식으로 아들을 교육했나 봅니다.

아버지 제임스 밀은 한두 시간 아들에게 질문하는 것 외에는 아무런 간섭도 하지 않았다고 합니다. 다만 몇 가지 규제하는 내용이 있었다고 해요. 가령 '또래 아이들하고 놀지 말라.'는 것이었습니다. 또래 아이들이 그에게 영향을 줘선 안 된다는 이유였습니다. '시를 읽지 말라.'는 규칙도 있었어요. 그는 시가 마음의 낭비이자 왜곡이라고 보았거든요. 이 부분에 대해서는 나

중에 제임스 밀의 철학과 사상을 설명하면서 다시 말씀드리겠습니다. 그런데 음악은 마음을 정화해주므로 가까이해도 좋다고 했습니다. 물론 대중적인 음악이 아니라 아주 고전적인 음악만 허용했지요.

독특한 것은 그가 감정적이거나 정서적인 것들을 금했다는 점입니다. 이런 이유로 소설 읽기나 연극 관람도 금지했습니다. 아버지는 아들에게 언제나 이성과 논리, 합리성을 교육과 학문의 기본으로 강조했습니다. 아버지가 특히 중시했던 교육의 기본은 '논리학'이었습니다. 논리적으로 생각하고 말하고 글을 쓰는 것을 가장 중요하게 생각한 것입니다. 이 점은 우리 교육에서는 그다지 중요하게 생각하지 않는 것이어서 특히 강조할 필요가 있습니다. 그것이 영재교육의 기본이기 때문입니다. 질의응답은 논리력을 기르기 위한 것입니다.

존 스튜어트 밀이 읽은 책들

제가 번역한 존 스튜어트 밀 『자서전』의 본문이 삼백 쪽 정도 되는데요. 내용 대부분이 세 살부터 시작해서 죽을 때까지 읽은 책 이야기입니다. 그래서 『자서전』에는 무수히 많은 책 이름

이 나옵니다. 고대 그리스와 로마의 문헌에 대해서도 엄청난 목록이 있지요. 존 스튜어트 밀이 세 살 무렵 고대 그리스어를 배울 때 처음 읽은 책은 『이솝우화』입니다. 『이솝우화』는 너무나 유명한 책이지요. 우리도 거기 나오는 이야기 몇 가지쯤은 다 알잖아요? 그런데 『이솝우화』를 제외한 나머지 도서 목록을 보면 우리나라에 소개가 안 된 책들이 대다수입니다. 고대 그리스어나 라틴어로 쓰인 문헌의 양도 굉장한데, 그걸 다 읽었다는 뜻이겠지요. 특이한 점은 아버지 제임스 밀이 독서목록 만드는 일을 오롯이 아들에게 맡겼다는 점입니다. 아들이 고대문화에 대한 기본적인 소양을 가지게 되자 아버지 서재에서 스스로 선택해서 읽도록 권한을 주었다는 뜻입니다. 물론 아직 어린 그가 어느 정도 이해했는지 정확히 알 방법은 없지만, 아들의 자율적인 판단 능력을 믿은 것입니다. 이런 믿음도 중요하겠지요.

그의 아버지는 논리학과 수학을 특히 강조했습니다. 수단으로서의 지식을 가르치고 배움을 독촉하기보다 공부와 사고의 틀을 잘 짜주는 것이 영재교육의 기본이라고 생각한 것 같습니다. 그만큼 그는 기초 지식을 중시했지요. 그런데 한 가지 이상한 점은 아들에게 또래 아이들하고 어울리지 못하게 하는 등 육체적인 활동을 경시했다는 것입니다. 아들은 물론 그 자신 역시 체육이나 운동에 무신경해서 건강상의 문제를 안고 있

었습니다. 결국 제임스 밀은 결핵으로 사망합니다. 훗날 존 스튜어트 밀과 그의 아내도 결핵으로 생을 마감하지요. 물론 당시엔 결핵이 유행병처럼 흔했고 한편으로 불치병으로 여겨지기도 했지만 존 스튜어트 밀은 유독 허약했습니다. 육체적인 면이나 정서적인 측면의 교육이 취약했던 탓에 여러 위기 상황에 처하기도 합니다. 정신적인 문제들도 경험하게 되고요.

존 스튜어트 밀의 영재교육에서 명심할 게 하나 있습니다. 머리가 좋은 아이에게 교육 공학적인 특별한 기술을 통해서, 훌륭한 교사들이나 전문가를 통해서, 혹은 공부 방법론에 정통한 사람들을 통해서 뭔가 영향을 끼치려고 해서는 안 된다는 것입니다. 그럴 필요가 없습니다. 학교 같은 시설도 마찬가지입니다. 존 스튜어트 밀을 보세요. 교육 담당자라곤 아버지 한 사람뿐이었지만 충분했습니다. 즉 아이의 특성을 발견해주고 열정과 논리력 같은 능력을 키워주는 교육이 중요한 것입니다. 아버지 제임스 밀은 이런 방법을 끊임없이 반복하여 스스로 문제를 해결하는 능력까지 갖추도록 도왔습니다. 그것이야말로 최고의 영재교육 비법이 아니었을까요?

영재교육과 부모의 역할

여러분, 저는 솔직히 존 스튜어트 밀의 영재교육에 큰 관심은 없습니다. 그는 누구나 자신의 아버지에게 교육을 받으면 영재가 될 수 있다고 말합니다. 자서전을 읽고 있는 우리에게도 직접 경험해보라고 권하지만, 이게 쉬운 일은 아니지요. 아버지가 십여 년 동안 아들의 교육에 관하여 꾸준한 열정을 갖는 일도 실은 만만하지 않습니다. 자녀가 서너 살 즈음이면 아버지 나이는 삼십 대 후반이나 사십 대 초중반일 텐데 이 시기는 직장 생활이나 직업적 성취 등으로 매우 바쁜 때입니다. 특히 대한민국 같은 경쟁사회에서는 자녀에게 전적으로 집중하기 어려운 시기죠. 하지만 우리가 어렵지 않게 따라 할 수 있는 길도 보입니다. 무엇보다도 아이와 함께 항상 대화하면서 생각하는 능력과 논리력을 길러줄 수 있다는 바로 그것이죠.

그런데 존 스튜어트 밀의 영재교육과 관련하여 어머니의 역할은 그리 중요하게 다루어지지 않았습니다. 어머니 이야기가 별로 나오지 않는다는 것이 그가 쓴 자서전의 특징인지도 모릅니다. 어쩌면 냉담하다고 할 정도로, 혹은 어떻게 이럴 수가 있나, 라는 생각이 들 정도입니다. 그의 어머니는 이십 대 초반에 제임스 밀을 만나 결혼했습니다. 당시 제임스 밀은 서른네

살가량이었다고 해요. 어머니는 결혼 후 거의 이 년 터울로 구 남매를 낳았습니다. 아이를 하나 낳은 다음 조금 쉬었다가 또 낳곤 한 것이지요. 우리나라도 20세기 초반까지 비슷한 상황이 었습니다. 구 남매, 십 남매를 둔 집들이 많았지요. 영국은 19세 기 초반으로 넘어가면서 농업사회에서 산업사회로 변하고 있 었습니다. 18세기 후반 일어났던 산업혁명 이후의 과도기적 상 황이었지요. 원고료를 받아 겨우 먹고살았던 가난한 문필가 남 편을 둔 어머니는 아주 힘들게 아홉 자녀를 키워야 했습니다. 그러다 보니 교육에 대해서는 신경 쓸 여유가 없었을 겁니다. 모친과 부친의 학력 차이도 자녀 교육 문제에서 중요한 이유 중 하나가 되었겠지요. 밀의 아버지는 에든버러 대학을 나왔지만, 어머니는 공부를 많이 한 사람이 아니었습니다.

존 스튜어트 밀의 자서전을 보면 그가 처음부터 끝까지 어 머니에 대해 굉장히 무관심하다는 점을 눈치챌 수 있습니다. 오 히려 아버지가 아내를 잘못 골랐고, 그래서 불행한 결혼생활이 었다고 합니다. 어머니가 거의 돌아가실 무렵까지도 그는 어머 니를 별로 좋아하지 않았습니다. 반면 아버지는 절대적으로 숭 상하고 숭배했어요. 물론 나중에는 학자와 사상가로서의 아버 지를 비판했지만, 아버지가 그에게 미친 영향력만큼은 거의 절 대적이었습니다. 존 스튜어트 밀의 부모에 대한 편애는 어쩌면

그가 받은 영재교육의 결과일 수도 있고, 부모가 교육에서 차지했던 비중의 차이라고도 할 수 있습니다. 어머니에 대한 감정은 동서양을 막론하고 같을 겁니다. 우리가 동양인이라 어머니를 더 사랑하거나 그리워하는 것은 아니지요. 서양에도 어머니에 대한 절절한 감정을 표현하는 문학인들과 예술가들, 사상가들이 많이 있다는 것이 그 예입니다. 존 스튜어트 밀이 어머니에게 조금 특이한 태도를 보였던 사람이지요.

19세기 영국 풍경

존 스튜어트 밀은 19세기에 '영국의 아리스토텔레스'라고 불릴 정도로 당대 큰 영향력을 끼친 사람입니다. 19세기 영국에 대해서는 다음 장에서 상세히 다룰 것이므로 여기서는 간단히 맥락만 짚고 넘어가겠습니다. 19세기 영국은 역사상 가장 찬란했다고 평가하는, 이른바 빅토리아 여왕(Queen Victoria, 1819~1901, 재위; 1837~1901)의 시대입니다. 우리가 보통 이야기하는 '해가 지지 않는 나라'에 해당하는 시기죠. 빅토리아 여왕을 다룬 영화가 많이 만들어졌고, 최근에도 영국의 여러 유명한 여배우들이 빅토리아 여왕 역할을 연기했지요.

1837년 즉위식 당시의 빅토리아 여왕.

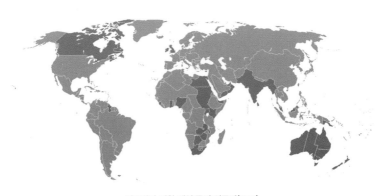

빅토리아 여왕 재위 중의 영국령(1898).

빅토리아 여왕은 영국을 가장 오랫동안 통치했습니다. 1837년 열여덟 살 생일을 맞은 뒤 이십육 일 만에 셋째 백부인 윌리엄 4세가 서거하자 바로 즉위했지요. 1837년 6월 20일부터 1901년 1월 22일까지 재위했고, 얼마 전까지만 해도 최장수 여왕으로 유명했습니다. 그런데 현재의 영국 여왕인 엘리자베스 2세가 조금 더 오래 살고 있지요.

한편 존 스튜어트 밀이 태어났을 무렵의 우리나라는 순조가 재위한 지 육 년 정도 지났을 때입니다. 우리나라의 19세기는 여러모로 어려운 시절이었습니다. 18세기는 조선 역사상 위대한 왕으로 간주되는 영조, 정조가 다스렸던 시기입니다. 그런데 정조가 1800년에 사망한 뒤 순조가 즉위합니다. 순조 이후로 왕위는 헌종, 철종, 고종으로 이어집니다.

순조가 재위 중이었던 1811년엔 홍경래의 난이 일어났습니다. 삼정이 문란해져 궁핍한 생활을 견디다 못한 백성들이 곳곳에서 민란을 일으켰는데, 홍경래의 난은 그해 12월부터 1812년(순조 12년) 5월까지 오 개월에 걸쳐 발생한 대규모 농민 반란입니다. 홍경래 등이 부농과 사상(私商)을 규합하고, 여기에 삼정의 문란 속에서 서북 지역에 대한 차별과 봉건 체제의 수탈에 시달리던 농민들까지 가세하면서 규모가 커졌지만, 관군과의 항전 끝에 모두 진압되었지요. 이후 홍경래는 전란 중에 사

망하여 참수되고, 그의 심복들인 우군칙(禹君則, 1776~1812)과 홍총각(洪總角, 1785?~1812)도 관군에 체포되어 주살되고 말았습니다. 이처럼 우리나라의 19세기는 굉장히 어려운 시절이었습니다.

존 스튜어트 밀이 세상을 떠난 1873년은 흥선대원군이 십 년 동안 집전하고 난 뒤 고종이 십 년 만에 비로소 왕위에 오른 시기입니다. 1864년 1월 16일 아들인 고종이 즉위하자 조대비는 수렴청정을 시작하지만, 곧 흥선대원군에게 고종을 보필하게 합니다. 흥선대원군은 이때부터 집권하여 아들인 고종 대신 집전하면서 스스로가 진짜 왕이라고 나서기 시작합니다. 그 이후 조선에는 어려운 일들이 정말 많이 발생했고 결국 19세기 말부터 20세기 초 즈음에 망국의 길을 걷게 되지요.

영국의 찬란한 대영제국 시절과 우리나라 망국의 역사는 참으로 대조적이죠? 존 스튜어트 밀은 영국의 황금시대에 태어나 살았는데요. 대영제국이라고 하는 시기를 비판적으로 어떻게 봐야 하는지 고민하면서 이야기를 풀어나가겠습니다.

『존 스튜어트 밀 자서전』 독서의 의의

존 스튜어트 밀은 총 일곱 장으로 이루어진 자서전을 썼습니다. 자신이 경험한 영재교육 시기부터 죽기 전까지의 전 시기를 다루는데, 이번 강의는 이 자서전을 바탕으로 각 장의 순서에 따른 것입니다. 우선, 여러분에게 자서전을 소개하는 이유를 말씀드리겠습니다. 존 스튜어트 밀은 빅토리아 여왕으로 상징되는 대영제국이 세계를 지배했던 시절의 지성과 정신을 대표하는 사람이었습니다. 하지만 그는 대영제국을 무조건 찬양하지 않았습니다. 영국을 보다 건강하게 이끌기 위해 대단히 비판적인 입장도 취했어요.

우리가 추구하고 있는 자유주의, 민주주의, 경제발전, 또는 정신적인 의미에서의 합리주의, 그리고 생활철학으로서의 공리주의 등은 매우 중요한 개념이자 가치들입니다. 그런데 이 모든 게 존 스튜어트 밀을 중심으로 형성되었다고 하면 놀라실 분들이 많을 겁니다. 그는 특히 자유란 개념을 정립하는 데 중요한 역할을 했습니다. 존 스튜어트 밀이 쓴 수많은 책 중 가장 고전으로 널리 읽히는 책이『자유론』입니다. 그야말로 자유민주주의의 성전(聖典)이라 불릴 정도로 유명한 책입니다.

흥미로운 점은 존 스튜어트 밀이 생각하는 자유사상의 핵

심에 이르게 되는 출발점이 바로 영재교육에서 시작되었다는 것입니다. 존 스튜어트 밀이 자서전에서 스스로 말하지는 않았지만, 그의 아버지가 심어준 자유의 의미는 기본적으로 '자발성'과 '자율성'에 기초했습니다. 아버지 제임스 밀과 아들 존 스튜어트 밀이 주고받았던 대화식 교육법은 강제로 지식을 주입하는 교육이 아니었습니다. 현재 우리나라의 교육처럼 수많은 지식을 머릿속에 거의 강제로 주입하는 것과 정반대 방법이지요. 덕분에 그는 어린 시절, 아버지로부터 개인의 자율성과 자발성, 주체성 등을 배울 수 있었습니다. 이것이 바로 '스스로 노력해서 천재가 될 수 있었다.'는 교훈을 전해주는 지점입니다.

존 스튜어트 밀의 아이큐가 182.5라느니, 그가 세계적인 학자라느니 하는 평가대로 학문에서 이룬 업적을 따져서 찬양하거나 숭상하자는 의미가 아닙니다. 그가 소박한 영재교육을 통해 배운 능력이 우리에게 어떤 지혜를 주는지, 오늘날의 우리가 자신을 계발할 때 그의 지혜가 도움을 줄 수 있는지 알아보자는 뜻입니다. 한편으로 저는 존 스튜어트 밀이 말하는 자유가 대한민국이 다양성을 인정하는 사회로 나아갈 때 지침을 제공할 수 있다고 봅니다. 왜냐하면 그는 자유를 '개개인의 다양성을 존중할 때 발생할 수 있는 갈등을 조정하는 핵심적인 원리'로 가르쳤기 때문입니다.

영국 과학박물관에 있는 제임스 와트의 연구실 내부.

현재 우리 시대에서 나타나는 빈부갈등은 사회 구조적인 측면에서 모순을 보여줍니다. 존 스튜어트 밀이 생존했던 당시의 영국도 마찬가지였습니다. 영국은 17세기에 '명예혁명'을 경험합니다. 다른 어떤 국가보다 이른 시기였는데요. 명예혁명으로 인해 의회의 권리가 커지고 봉건제가 해체되면서 사회에 정치적인 성숙과 안정을 가져옵니다. 그 결과 보다 자유로운 농민

---

* 영국에서 1688년에 일어난 혁명이다. 의회와 네덜란드의 오라네 공 빌럼이 연합하여 제임스 2세를 퇴위시키고 잉글랜드의 윌리엄 3세로 즉위했다. '피 한 방울 흘리지 않고 이루어졌다.'라고 해서 붙은 이름이다. 영국의 의회 민주주의의 시발점이 되었으며, 당시 작성된 1689년 '권리장전'은 영국의 역사에서 매우 중요한 위치를 차지한다.

층이 등장했습니다. 이들은 농사일에서 모직물 공업으로 눈을 돌렸는데, 18세기로 접어들면서 모직물 수요가 급증했던 탓입니다. 이 모든 상황은 사회 경제적으로 매우 섬세하게 연결되어 있습니다. 마침 제임스 와트(James Watt, 1736~1819)가 증기기관을 개량한 시점도 이때입니다. 이 시점에서 대량생산이 시작되고, 이는 곧 산업혁명의 출발점이 됩니다.

산업혁명은 경제 구조뿐만 아니라 정치 구조도 크게 바꾸었습니다. 왕족과 귀족 계급이 지배하던 전통사회가 무너지고, 노동자와 신흥 부르주아 계급이 부상합니다. 신흥 부르주아는 경제적인 권리를 증진하기 위해 선거법 개정을 요구했는데요, 그 과정에서 구체제의 지배 계층과 갈등을 겪었습니다. 하지만 산업화로 인해 모두가 평등하게 잘살게 되었던 것은 결코 아닙니다. 산업화가 진행될수록 빈부의 격차는 점점 더 크게 벌어졌습니다. 당시 영국이 겪었던 산업화 과정을 한국은 20세기에 압축적으로 경험하게 되지요. 영국은 당시 산업화를 이루는 과정에서 여러 가지 사회 문제에 직면했는데 이후 한국의 상황과 비교하면 훨씬 더 복잡하다고 평가할 수 있습니다. 이 말은 곧 역으로 한국이 경험하지 못했던 것을 19세기 영국에서 배울 수 있다는 뜻입니다. 이런 배경에서 저는 19세기 영국의 대표적인 지성으로 꼽히는 존 스튜어트 밀의 생애를 톺아보는 것이 의미

있다고 생각합니다. 그가 어떤 생각을 하고, 무엇을 추구하며 살아갔는지 자서전을 통해 찾아보면서 우리 사회가 긍정적인 방향으로 발전하기 위한 지혜를 얻을 수 있지 않을까요?

제임스 밀른에서 제임스 밀로

이번 강의에서는 자서전 2장의 내용인 존 스튜어트 밀의 부모님 이야기를 다루려고 합니다. 특히 아버지 이야기가 중심을 이루는데요. 아버지에 관한 이야기가 많다는 것이 존 스튜어트 밀 자서전의 특징 중 하나입니다. 물론 누구나 아버지를 존경하고 중요하게 여기지만 존 스튜어트 밀의 경우는 조금 다릅니다. 그는 아버지를 자기 삶의 모범으로 삼았을 뿐만 아니라 사상적인 스승으로 존경했습니다.

　존 스튜어트 밀의 아버지는 제임스 밀입니다. 존 스튜어트 밀은 영국이나 잉글랜드 사람이 아니라 스코틀랜드 사람이었습니다. 우리는 보통 영국을 '섬나라'라고 이야기하는데요. 영국이란 나라는 네 개의 지역으로 나누어져 있습니다. 섬의 남쪽이 잉글랜드이고, 서쪽이 웨일스, 북쪽이 스코틀랜드입니다. 그리고 옆에 아일랜드가 있습니다. 그 아일랜드가 북쪽과 남쪽으로 나누어져 북아일랜드와 그 아래로 독립된 아일랜드가 있어요. 한국도 남한과 북한이 아닌, 남북 분단국이라 그럴 때가 있잖아요? 아일랜드도 어떤 의미에서 분단국이라고 볼 수 있습니다. 아일랜드라고 하는 나라가 반으로 갈라져서 북아일랜드는 영국에 속하고, 남쪽의 아일랜드는 독립국으로 분리되었거든요.

아일랜드는 칠백 년 정도 영국의 식민지로 있었습니다. 보통 아일랜드의 슬픈 역사를 우리나라의 그것과 비교하는 경우가 있습니다. 실제로 아일랜드에 가보면 정서적으로 우리와 비슷한 점이 많습니다. 한국 민족처럼 아일랜드 사람들도 술과 노래, 춤을 좋아해요. 민요의 곡조도 우리나라와 비슷합니다. 스코틀랜드의 역사도 아일랜드와 비슷합니다. 아일랜드는 칠백 년 전 즈음에 잉글랜드의 식민지가 되었다가 병합되었는데요. 스코틀랜드도 원래는 독립국이었다가 잉글랜드에 병합되었지요. 웨일스도 마찬가지 전철을 밟았습니다. 존 스튜어트 밀의 아버지인 제임스 밀은 스코틀랜드 사람이었습니다.

다음 지도를 보세요. 영국의 동쪽 언저리에 허리가 잘록한 부분이 있습니다. 제임스 밀이 태어난 곳입니다. 그는 인구가 천 명 정도 되는 작은 빈촌에서 태어났습니다. 원래 제임스 밀의 성씨는 밀이 아니었습니다. 「곰돌이 푸」라는 동화를 아시지요? 이 「곰돌이 푸」를 만든 동화작가가 A. A. 밀른(Alan Alexander Milne, 1882~1956)입니다. 밀른도 스코틀랜드 출신인데, 밀른이 바로 밀 집안의 성씨였습니다. 우리나라에 김 씨와 이 씨, 박 씨가 많듯이 스코틀랜드에도 밀른이란 성이 대단히 많습니다. 제임스 밀의 아버지도 제임스로 이름이 같습니다. 존 스튜어트 밀의 할아버지는 제임스 밀른이었습니다.

제임스 밀른은 대대로 농사를 지은 집안에서 태어났습니다. 가난한 시골의 농부였지요. 그의 아버지는 돈을 조금이라도 더 벌어야겠다고 다짐했습니다. 그래서 농사를 지으면서 구둣방을 하나 만들었어요. 직원을 두세 명 정도 고용해서 동네 사람들에게 구두를 만들어주었습니다. 존 스튜어트 밀의 할머니 이자벨 펜튼(Isabel Fenton)은 교육열이 높은 사람이었습니다. 할머니는 아들을 세 명 낳았는데, 장남이 바로 제임스 밀입니다. 바로 존 스튜어트 밀의 아버지입니다. 할머니는 아이들에게 농사를 짓게 하거나 구둣방 일을 시키지 말고 공부를 시켜야 한다고 생각했습니다. 특히 장남에게 공부를 많이 시키기로 마음먹었습니다.

영국 지도

18세기 영국에서는 성직자를 최고의 직업으로 여겼습니다. 목사가 가장 인기 좋은 직업이었어요. 그래서 큰아들 제임스 밀이 목사가 되도록 공부를 시켰습니다. 우리나라도 옛날에는 가문을 이끌어갈 사람이라며 장남을 우선시했잖아요? 유럽도 마찬가지였나 봅니다. 그런데 어머니의 생각에 밀른이라는 성씨가 너무 촌스럽게 느껴졌습니다. 고심 끝에 그녀는 장남인 제임스가 어렸을 때 성을 밀로 바꿔버립니다. 우리나라에서는 성씨를 바꾼다는 건 상상도 못 할 일이지요. 하지만 존 스튜어트 밀의 할머니는 아들의 출세를 위해서 밀른이란 성을 밀로 바꾼 것입니다. 그러고는 아들을 데리고 자기 집에서 조금 멀리 떨어진 다른 동네에 있는 부잣집을 찾아가 그 집 귀족에게 아들의 교육을 도와달라고 부탁했습니다. 그가 바로 존 스튜어트(Sir John Stuart, 1718~1779)입니다. 제임스 밀은 자신에게 공부를 가르쳐준 귀족이 무척이나 고마웠는지 나중에 결혼하여 얻은 장남에게 그 귀족의 이름을 붙여주었습니다. 아버지 대부터 성씨가 바뀐 것도 그렇고, 본인의 이름에 아버지의 스승 격인 귀족의 이름이 붙은 것도 그렇고, 존 스튜어트 밀의 이름엔 사연이 많군요.

목사의 길을 버리다

제임스 밀은 귀족에게 장학금을 받아서 그 당시 스코틀랜드 최고의 명문인 에든버러 대학에 입학합니다. 에든버러 대학은 잉글랜드의 대학들과는 다른 분위기였습니다. 시곗바늘을 현재로 돌려 2016년에 일어난 브렉시트 상황을 잠깐 보면, 잉글랜드와 스코틀랜드의 차이를 쉽게 이해할 수 있습니다. 잉글랜드는 브렉시트를 찬성했지만, 스코틀랜드는 반대 의사가 조금 더 우세했습니다. 스코틀랜드는 역사적으로 볼 때 잉글랜드에 비해 진보적입니다. 유사한 예를 18세기에서도 찾아볼 수 있습니다. 『국부론The Wealth of Nations』의 저자로 유명한 애덤 스미스(Adam Smith, 1723~1790)가 에든버러 대학의 대표적인 교수였는데, 이 사람은 당시 관점에서 보면 진보적이었습니다. 에든버러 대학이 영국의 옥스퍼드 대학이나 케임브리지보다 훨씬 진보적이었거든요. 덕분에 제임스 밀도 에든버러 대학의 진보적인 분위기 아래 대학 교육을 받습니다.

　그는 목사가 되기 위하여 신학부를 선택했습니다. 우리나라에서 대학을 졸업한 뒤에 신학대학원에 다시 가는 것처럼 제임스 밀은 신학부에서 칠 년 동안 공부했습니다. 대학원 과정까지 다 합쳐서 교육받은 거죠. 대학 졸업 후 그는 목사로서 사회생활을 시작합니다. 그런데 제임스 밀은 대학교에 다니면서 종교에 대하여 회의하게 되었습니다. 과연 신이 이렇게 나쁜 세상을 만들었다고 믿을 수 있는가 하는 고민부터 절대적인 존재로서의 신이 과연 있을 수 있는지, 또 있어야 하는지 계속해서 스스로 물었습니다. 이 점에 대해 종교를 가지신 분들이 오해하지 않았으면 좋겠습니다. 18세기 후기 프랑스에서는 계몽주의가 꽃을 피우기 시작합니다. 중세처럼 기독교가 정치·경제·사회·문화 등 세상의 모든 것을 독점하는 시대는 이미 종말을 고한 터였습니다. 서서히 세상이 바뀌는 과정에서 프랑스의 계몽주의 같은 사조가 영국에도 들어오게 되었고, 이에 따라 일반인의 종교관도 많이 달라지게 됩니다.

제임스 밀은 특히 그런 지적인 감수성이 강했던 사람입니다. 그는 신학부에서 칠 년 동안 공부하여 목사로서 새 출발을 하면서도 종교에 대한 확고한 신념을 갖지 못했습니다. 결국 그는 부모님의 반대와 실망에도 불구하고 종교인으로서 출세하는 길을 포기합니다. 그러고는 스코틀랜드에서 가난한 가정교사 생활을 시작해요. 이 집 저 집 전전하면서 주로 부잣집 가정교사로 일합니다. 그러던 중 자신에게 장학금을 주었던 존 스튜어트 경의 집에 가정교사로 들어가게 됩니다. 그 집에는 아주 예쁜 딸이 있었는데, 제임스 밀이 그 딸의 가정교사를 맡게 됩니다. 이로써 흔한 로맨스 드라마가 한 편 나오는데요, 즉 가난한 가정교사 청년이 부잣집 딸을 짝사랑하게 된 것입니다. 그러나 드라마는 해피엔딩으로 막을 내리지 못합니다. 몇 년간 제임스 밀에게 수업을 듣던 스튜어트 가문의 딸이 냉정하게도 다른 남자에게 시집을 간 거예요. 제임스 밀은 이루지 못한 짝사랑 때문에 귀족사회에 분노를 느낍니다. 여러분, 사회비판의식이라는 건 책상에서 공부하다가 깨달은 고상한 철학에서 나오지 않습니다. 경험에서 가장 먼저 자극을 받게 되는 것입니다.

존 스튜어트 밀은 명백한 민주주의 신봉자로 성장하지만, 제임스 밀은 민주주의에 대한 열망보다는 귀족에 대한 증오를 기반으로 학문을 하고, 사회비판의식을 가졌다고 해도 과언이 아닙니다. 저는 그 편이 더 자연스럽다고 생각합니다. 예를 들어 한국이 전통사회를 거치면서 양반이란 신분에 대한 일반 민중의 자각과 반항으로부터 서서히 민주주의의 싹이 트고 발달할 수 있었던 것처럼 말이지요. 영국에도 분명 그러한 측면이 있었습니다.

제임스 밀의 아버지는 농민이었어요. 어머니도 그렇고요. 다만 어머니의 특별한 교육열이 장남을 농부로 키우는 것을 거부한 것입니다. 세상에 자녀 문제만큼 부모가 원하는 대로 안 되는 것이 없다고 하지요? 제임스 밀의 어머니는 아들의 출세를 위해 극성스럽게 교육했는데, 아들은 첫사랑의 실패에 마음을 다쳐 귀족사회에 반발하게 되고 성직자마저 그만두었습니다. 이 일은 당사자인 제임스 밀에게도 어머니에게도 쓰라린 경험으로 남습니다. 이후 제임스 밀은 런던으로 갑니다.

여러분, 앞 장에서 말씀드렸던 킹스크로스 기억나시지요? 제임스 밀은 스코틀랜드에서 런던으로 올 때 킹스크로스 역에서 내립니다. 그 옆에는 유로스타로 이동할 수 있는 세인트 판크라스라고 하는 역이 바로 붙어 있습니다.『해리포터와 마법사의 돌*Harry Potter and the Philosopher's Stone*』을 보면, 호그와트 학교에 가려고 친구들과 급행열차를 타고 떠나는 장면이 나오는데, 그 장소가 바로 세인트 판크라스 역이죠. 해리포터 시리즈의 작가인 조앤 K. 롤링도 스코틀랜드 출신입니다.

그때만 해도 잉글랜드는 발전한 반면, 스코틀랜드는 시골이었습니다. 스코틀랜드의 가난한 사람들이 런던에 와서 처음 내리는 역이 킹스크로스입니다. 역 주변에 스코틀랜드에서 온 가난한 이주민이 많이 살았던 배경입니다. 이렇게 해서 제임스 밀의 런던 생활이 시작되고, 장남인 존 스튜어트 밀이 그곳에서 태어납니다.

킹스크로스 역 승강장

세인트 판크라스 역

공리주의와 제러미 벤담

제임스 밀은 에든버러 대학의 신학부를 나왔지만, 전공과 관계없이 사회비판적인 글을 써서 신문에 기고하기 시작합니다. 그러면서 런던에 사는 지성인들과 조금씩 교류하게 되는데요. 그중에서 제일 중요한 사람이 제러미 벤담(Jeremy Bentham, 1748~1832)입니다. 벤담은 그 당시만 해도 조금 보수적인 입장을 취하고 있었는데, 아시다시피 그는 소위 공리주의(功利主義)라고 번역하는 'Utilitarianism'을 창시했습니다. '공리(功利)'라고 하면 보통 공명과 이득을 합친 말이라고 생각해요. 사실 이 말은 일본인들이 공리주의라고 번역한 것을 우리가 받아들인 것인데, 공리주의를 쉽게 말하면 '실리주의(實利主義)'입니다. 정치·경제·사회·문화 등 무엇이든지 실리가 있어야 한다는 뜻입니다. 즉 아무리 좋은 사상이나 아이디어라 해도 현실에서 이익이 없으면 무용하다는 것이지요. 왜 이런 사상이 나온 것일까요?

당시 영국의 지식인들은 "눈에 보이지 않는 종교가 정치, 경제, 사회, 문화에서 발생하는 다양한 문제를 해결할 수 있을까?" 하고 질문을 던지기 시작했습니다. 종교가 모든 것을 해결할 수 없다고 보았기 때문입니다. 사실, 공리주의의 가장 근본적인 대척점은 종교입니다. 특히 그 시대를 지배했던 성직자 계층과 반대되는 입장에 있었어요. 성직자 계층이 신의 이름으로 종교를 빙자해서 '왕권신수설' 같은 개념을 만들어 퍼뜨리지 않았습니까? 공리주의는 이에 반대하면서 출발합니다. 한편 프리드리히 니체 같은 사람들은 공리주의를 '속물철학'이라며 비아냥거렸습니다.

공리주의는 현실적인 이해관계와 무관한 관념의 세계에서 해방되어 실제로 얻을 수 있는 이익을 중시하자는 게 핵심입니다. 벤담은 쾌락을 선(善)으로, 고통을 악(惡)으로 보았습니다. 쾌락을 증대하고 고통을 감소시키는 행위는 옳고, 그 반대는 옳지 않은 것이지요. 공리주의를 보통 쾌락주의나 쾌락주의의 변형이라고 하는 이유입니다. 벤담은 쾌락과 고통을 비교해서 고통이 크고 즐거움이 적으면 버리자고 합니다. 쉽게 말하자면, "가능한 한 고통을 적게 하고, 즐거움을 추구하자."는 것이 공리주의입니다.

그런데 상식적으로 보면, 종교인들도 공리주의 원칙을 따라 살고 있다는 것을 인정하지 않을 수 없습니다. '종교적'이라는 이름 아래 대단히 고상한 이야기를 하고, 선의와 사랑에서 비롯되는 실천을 중시하는데요. 과연 자기 눈앞에 주어지는 이익을 포기하고 하느님의 말씀을 추종할 수 있을지 의문이 생깁

제러미 벤담.

니다. 이러한 의구심으로부터 출발한 공리주의는 개인의 이익이나 부(富)를 추구하는 인간의 욕망을 솔직하게 마주합니다. 농업사회에서 산업사회로 바뀌는 과정에서 인간이라면 누구나 돈을 굉장히 중시하게 되었죠. 돈과 무관하게 산다고 이야기하는 분들도 있지만, 사실은 그렇지 않지요? 돈에 미쳐서 사람을 죽이는 극도로 비정상적인 사회가 아니라면 다들 열심히 일해서 돈을 벌고, 남에게 나눠주기도 하면서, 올바른 경제 질서를 갖춰가기 위해 노력합니다. 이러한 행동을 비난할 이유는 없습니다.

예전 농업사회에서는 돈의 개념이 없었습니다. 수확물 혹은 생산물의 개념만 있었지요. 당시엔 하늘의 뜻이라고 여겼던

날씨에 따라서 하루치 수확량이 달라졌으므로 '하늘은 곧 신'이라는 인식이 일반인에게 합리적으로 다가왔습니다. 그러나 산업혁명을 거치면서 공업사회로 접어들자 사람들은 이성적으로 생각할 수 없는 것을 부정하게 됩니다. 아예 생각할 가치조차 없다고 여겨요. 그러다 보니 영국의 전통적인 경험주의 사상 위에 공리주의가 덧입혀지면서 산업화 사회의 인간들이라면 누구나 이를 합리적인 사상으로 받아들이게 된 것입니다.

제러미 벤담이 살던 당대 영국은 왕족을 중심으로 한 전제주의가 우세한 귀족사회였습니다. 영국의 정치, 경제, 사회, 문화 등 전 분야를 귀족 가문이 독점했습니다. 지금 우리 사회도 일 퍼센트가 구십구 퍼센트를 지배한다는 말이 있을 정도지 않습니까? 19세기 영국도 마찬가지였습니다. 일이 퍼센트 귀족이 전 국토의 대부분을 독점했고, 중류계급이 한 삼 분의 일, 하류계급이 삼 분의 이쯤 차지했지요. 중류계급과 하류계급은 상류층 일 퍼센트가 가졌던 땅의 칠팔십 퍼센트 정도를 제외한 일이십 퍼센트로 먹고살았습니다. 중류계급은 하류보다 토지를 조금 더 많이 소유할 수 있었습니다.

이러한 차이는 산업화를 거치면서 더욱 커집니다. 그러다가 19세기 초입에는 하류계급 사람들—주로 도시와 농촌의 노동자들—이 광산 같은 데서 하루 열일곱 열여덟 시간 노동을 불사하는 참상이 벌어집니다. 그중엔 일곱 살 여덟 살짜리 어린 아이들도 수두룩했습니다. 존 스튜어트 밀은 다행히 영재교육을 받았지만, 다른 하류층 자녀들은 굉장히 힘들게 살았습니다. 공부 따위는 문제가 아니었어요. 먹고사는 것 자체를 해결하기 어려운 시절이었으니 말입니다. 이런 사회에서 제러미 벤담을 중심으로 한 공리주의 사상가들은 사회개혁을 주장했습니다. 부조리한 사회가 바뀌어야 한다고 역설했지요. 제임스 밀도 그와 같은 생각에 동조하게 됩니다. 어쩌면 귀족의 딸에게 버림받은 마음이 그런 사상에 한 발 더 가까이 다가서게 했는지도 모르지만요.

산업혁명 당시의 아동 노동을 묘사한 그림.

제임스 밀, 제러미 벤담과 친구가 되다

제러미 벤담의 꿈은 영국을 개혁하는 것이었습니다. 그는 특히 영국을 법적으로 개혁해야 한다고 생각했죠. 그런데 법으로 개혁하려면 민주주의와 자유주의로는 힘들다고 판단했습니다. 민주주의는 많은 사람의 말이 오가는 탓에 시끄럽잖아요. 우리도 그걸 충분히 경험하고 있지 않습니까? 반면 전제주의나 독재주의는 무엇인가를 개혁하기에 훨씬 수월합니다. 여러 사람의 의견을 고려하지 않고 권력자가 독단적으로 개혁을 감행할 수 있으니까요. 우리나라도 박정희 대통령이 집권하던 시절에 경험해보았던 일입니다. 만일 그 당시 한국이 민주적인 나라였다면 그런 놀라운 개발주도 경제부흥은 없었을 겁니다.

영국도 마찬가지였어요. 초기에 제러미 벤담은 영국의 법제도에 많은 관심을 기울였습니다. 영국은 기본적으로 '커먼로'라고 해서 판례가 곧 법인 체제를 유지합니다. 법을 재판마다 달리 적용되는 원리에서 뽑아 만들었거든요. 영국의 법체계가 굉장히 방대하고 복잡한 이유입니다. 그런데 제러미 벤담은 이렇게 복잡한 원리를 모조리 없애고 한 권의 법전을 만들자고 주장했습니다. 판례법을 중시했던 영국에서 이런 주장은 그야말로 마른하늘에 날벼락 같은 소리였습니다. 영국의 법률가와 귀족은 재판을 독점했을 뿐 아니라 의회도 독점하고 있었습니다. 물론 우리나라 국회에도 법조인들이 많습니다. 미국도 그렇고요. 제러미 벤담은 법조인들이 지배하는 사회는 좋지 않다고 생각했습니다. 그래서 그는 영국 사회가 법조인들의 지배에서 벗어나 누구에게나 공평하게 적용되는 법전에 의해 재판이 이루어져야 한다고 주장했습니다. 나아가 남녀평등, 동물의 권리, 식민지 해방까지 주장했습니다. 21세기를 살아가는 현대인의 눈으로 보아도 그는 정말 혁신적인 사람입니다.

제임스 밀은 제러미 벤담을 만나면서 사상적으로 훨씬 성숙해집니다. 우리나라에도 제러미 벤담의 책은 많이 번역되어 있고 연구서도 있는데, 존 스튜어트 밀의 아버지 제임스 밀에 관한 책은 하나도 없습니다. 그가 책을 많이 썼는데도 그래요. 영국에서도 제임스 밀은 중요한 사상가로 간주되지 않습니다. 존 스튜어트 밀은 너무나 훌륭한 아버지인 제임스 밀을 세상이 왜 못 알아주는지 개탄했습니다. 그래서 그는 살아생전에 자서전을 쓰면서 아버지를 기억하고 추앙했나 봅니다. 존 스튜어트 밀의 자서전에 아버지 이야기가 정말 많이 나오는―제임스 밀의 자서전이라고 불러도 좋을 만큼― 이유입니다.

객관적으로 이야기하면 제러미 벤담은 존 스튜어트 밀에게는 할아버지뻘입니다. 제러미 벤담은 1748년 생이고, 제임스 밀은 1773년 생이며, 존 스튜어트 밀은 1806년 생이거든요. 하지만 아버지가 제러미 벤담과 친하게 지내면서 존 스튜어트 밀도 너덧 살 무렵부터 그에게서 영향을 받습니다. 제러미 벤담은 대단한 명문가 출신이었어요. 또한 존 스튜어트 밀처럼 영재교육을 받았습니다. 때로 제러미 벤담은 제임스 밀의 집에 와서 손자뻘 되는 존 스튜어트 밀을 가르치기도 했습니다. 제임스 밀이 아들의 영재교육을 부탁한 사람도 벤담이었습니다.

존 스튜어트 밀이 여섯 살쯤 되었을 때의 일입니다. 어느 날 제러미 벤담은 제임스 밀 가족에게 자기 집 옆에 와서 살라고 제안합니다. 제러미 벤담이 사는 동네는 지금 영국 런던의 북부인 킹스크로스에서 그렇게 멀지 않은 곳이었습니다. 결국 이들 가족은 런던 북부의 퀸즈스퀘어라는 곳에 집을 하나 얻어서 아예 이주하게 됩니다.

당시 영국에는 제러미 벤담과 거의 동급으로 유명세를 타던 경제학자가 있었습니다. 데이비드 리카도(David Ricardo, 1772~1823)입니다. 그는 애덤 스미스를 잇는 사람으로 역시 스코틀랜드 출신이었습니다. 데이비드 리카도 같은 진보적인 사람들도 존 스튜어트 밀의 집에 와서 어린 존 스튜어트 밀을 가르쳤습니다. 어린 존 스튜어트 밀과 함께 산책하면서 경제학을 가르친 거예요. 참 놀랍지 않습니까? 그러니까 존 스튜어트 밀의 영재교육엔 당대 영국의 지성인들 역할이 컸습니다. 그들에게서 직접 가르침을 받았으니 말입니다. 대단하지요?

동인도회사의 간부가 된 제임스 밀

그 후 생활이 안정되자 제임스 밀은 아침에는 산책하면서 아들을 가르치고, 남은 시간에는 『영국령 인도의 역사』라는 책을 썼습니다. 아들을 십여 년 동안 가르치는 가운데 총 여섯 권으로 구성된 굉장히 방대한 역사책을 쓴 것입니다. 당시까지 쓰인 인도의 역사책 중 최고로 꼽혔지요. 아들이 열세 살쯤 되었을 때 아버지는 그 책을 출판했고, 그 결과로 동인도회사에 취직하게 되었습니다. 영국은 그 무렵 인도를 직접 지배하지 않고 인도에 동인도회사를 세워 간접적으로 지배하고 있었습니다. 말하자면 동인도회사는 영국의 국영회사 같은 것이었습니다.

　제임스 밀은 죽기 전까지 십칠 년 동안 동인도회사의 고위직에 종사합니다. 제임스 밀이 고위직에 있는 동안 이런 에피소드가 있었다고 해요. 인도에 영국인 총독이 취임하러 오면 반드시 제임스 밀을 먼저 찾아가 "선생님이 진정한 인도 총독입니다. 저는 선생님의 가르침을 인도에 전할 뿐입니다."라는 인사

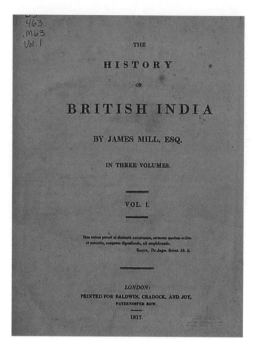

THE

HISTORY

OF

BRITISH INDIA

BY JAMES MILL, ESQ.

IN THREE VOLUMES.

VOL. I.

Hoc autem proult et distinctè excutiamus, servatos quardam actives
et miracula, compescto digredindo, nil amplidorando.
Bacon, *De Augm. Scient. 6b. ii.*

LONDON:
PRINTED FOR BALDWIN, CRADOCK, AND JOY,
PATERNOSTER ROW.

1817.

『영국령 인도의 역사』 표지

를 했다고 합니다. 그만큼 동인도회사를 비롯한 제임스 밀의 위치가 막강했다는 뜻이지요.

그런데 제임스 밀만 동인도회사에서 중요한 직위를 맡은 게 아니었어요. 존 스튜어트 밀도 열일곱 살 때부터 아버지와 함께 동인도회사에 들어가 자그마치 삼십오 년간 근무합니다. 제임스 밀은 결혼하여 구 남매를 두었습니다. 아들 넷에 딸 다섯 명이었습니다. 당시는 여성들에게 취직을 비롯한 사회생활이 허락되지 않던 시기였기에 네 아들 중 세 명이 동인도회사에 고위직으로 취직합니다. 그야말로 동인도회사 가족인 셈인데요. 딸들에겐 언감생심이었습니다. 그러나 셋째 아들은 스무 살도 채 안 되어 요절합니다.

가장 큰 문제점은 영국의 식민지배로 온 가족이 수혜를 입었다는 것입니다. 이들 가족의 동인도회사 근무는 아마도 역사상 가족 단위로 가장 많은 구성원이 가장 오랫동안 근무한 기록일 것입니다. 예를 들어 존 스튜어트 밀은 1858년, 동인도회사가 망할 때까지 근무했으니까요. 아무리 좋게 보려 해도 비판적일 수밖에 없는 문제입니다. 만일 이런 일이 현대에 벌어졌다면 어떻게 되었을까요? 우리가 고전이라고 해서, 혹은 추앙받는 인물이라고 해서 무조건 위대하다거나 절대적인 것으로 여겨서는 안 되는 이유가 바로 이런 데 있습니다. 고대 아테네 그리스의 이야기에도 여러 가지 문제점이 있는 것처럼 19세기 존 스튜어트 밀의 경우에도 비판할 점은 반드시 비판하면 좋겠습니다.

동양을 바라보는 관점이 달라지다

18세기 계몽주의 시대는 유럽 사람들이 인도를 비롯한 아시아와 아프리카를 식민지로 지배하긴 했어도 경제적인 착취를 심하게 하지 못했습니다. 그때까지만 해도 유럽은 농업사회였거든요. 영국도 그랬습니다. 그런데 산업화와 동시에 공업화가 이루어지면서 특히 기계로 면직을 대량 생산하게 되면서 공급이 엄청나게 늘어났습니다. 이렇듯 18세기 말부터 19세기 초 사이 본격적으로 상품을 제조하면서 이들에게는 시장이 필요하게 됩니다. 본국에서 팔고도 물건이 많이 남으니 시장이 더 많이 필요했겠지요? 그래서 만든 곳이 바로 식민지입니다. 식민지는 이처럼 서구의 나라들이 자국의 경제적인 이득을 극대화하고자 만들어낸 시장이었습니다. 그러면서 19세기 중엽이 되면 제국주의가 노골적으로 경제적인 침략을 감행합니다.

제임스 밀이 쓴 『영국령 인도의 역사』에는 일종의 편견이 깃들어 있습니다. 18세기까지만 해도 유럽 사람들은 인도나 아시아를 낭만적으로 생각했습니다. 일종의 '이국 취미' 같은 것으로 여겼는데요. 이러한 관점을 '오리엔탈리즘'이라고 부릅니다. 유럽은 애초부터 동양을 이상한 정서로 인식했습니다. 그 연원을 살펴볼게요. 인도에 파견되었던 영국의 판사 중에 존스라는 사람이 있었습니다. 18세기 인물인데, 그는 산스크리트어나 베다 등 고전 문물을 대단히 찬양하는 글을 썼습니다. 일부 언어학자들은 유럽어의 기본이 산스크리트어라는 말도 했는데, 이처럼 유럽인들은 인도의 문명이나 아시아, 아프리카의 문명을 동경하는 분위기에서 동양을 인식했습니다.

그런데 19세기에 들어오면서 식민지를 경제적으로 침략하는 상황이 되니 난처해집니다. 낭만적인 이야기를 계속하자니 침략자의 입장에서나 피침략자의 입장에서나 뭔가 어색하고 껄끄럽습니다. 결국 인도를 비롯한 아시아와 아프리카의 고대문화를 쓰레기로 매도하면서 야만적이라고 치부하게 되지요. 동양의 문화를 무조건 '아무런 쓸모가 없는' '미신적인'이라고 폄훼하면서요. 특히 힌두교와 불교를 미신으로 몰아붙였습니다. 일본이 조선을 침략했을 때 식민사관이라고 하면서 우리의 전통이나 문화를 깡그리 부정했던 것처럼 말입니다. 일본이 한 짓은 사실 영국이 한 짓을 그대로 베낀 거예요. 그런데 이때 식민사관을 노골적으로 주장한 사람이 바로 제임스 밀입니다. 그의 아들인 존 스튜어트 밀은 19세기 영국의 민주주의, 자유주의의 바이블이라고 하는 『자유론』을 집필했는데, 하필 그 아버지가 식민사관을 주장한 사람이라니요!

한 가지 짚고 넘어갈 문제가 있습니다. 여기서 말하는 '자유'가 유럽인들에게만 해당하는 이야기라는 점입니다. 존 스튜어트 밀이 말한 자유는 인도와 아프리카, 아시아 사람들에게도 해당되는, 즉 보편 인류를 위한 보편 자유가 아니었습니다.

당시 서양인들은 우리가 갓 태어난 신생아의 이성을 신뢰할 수 없다고 생각하듯이 아시아와 아프리카인들의 이성을 믿지 않았습니다. 그래서 자유니 민주니 하는 개념들조차 필요 없다고 이야기합니다. 존 스튜어트 밀이 이런 생각을 하게 된 이유가 무엇일까요? 예, 세 살 때부터 열세 살까지 영재교육을 받으면서 아버지의 책을 교정한 탓입니다(교정 작업도 영재교육의 한 방법이었습니다). 이런 식으로 존 스튜어트 밀은 식민사관에 완전히 젖어버린 것입니다.

최근에 저는 존 스튜어트 밀을 참 좋아하게 되었어요. 그 이유는 앞으로 계속 언급할 텐데요. 저는 어떤 고전을 접하면서 좋아하게 된 사람들을 항상 '내 친구'라고 부릅니다. 내 친구 빈센트 반고흐, 내 친구 톨스토이 하는 식으로요. 존 스튜어트 밀도 인제 내 친구 존 스튜어트 밀이 되었습니다. 그런데 여러분, 친구라고 해서 장단점이 없는 건 아니지요? 누구나 친구라면 당연히 그 단점을 지적해주고 고쳐주기도 하잖습니까?

존 스튜어트 밀이 옛날에 돌아가셨기에 제가 실제로 그렇게 할 수는 없지만, 우리로서 받아들일 수 없는 건 분명히 이야기해야겠죠. 저는 그래서 항상 고전을 절대적으로 숭상해서는 안 된다고 강조합니다. 고전만이 아니라 모든 종류의 책에 해당하는 이야기인데요. 독서에서는 비판적이고 자율적이며 주체적인 읽기 태도가 중요하기 때문입니다. 존 스튜어트 밀의 저서인 『자유론』을 읽을 때도 해당하는 태도이겠지요.

존 스튜어트 밀에게도 분명 한계가 있지만, 그는 나중에 아버지도 비판합니다. 따라서 우리도 존 스튜어트 밀이 아버지로부터 받은 교육을 비판적으로 봐야 합니다. 19세기에 영국으로서는 인도 같은 식민지를 지배하고, 대영제국을 운영하는 것이 커다란 국가적인 과제였음이 분명합니다. 그러나 이는 틀림없이 영국 역사에서 비판받아야 할 점입니다. 세계사 전체를 놓고 볼 때 잘못된 역사의 한 부분이니까요.

크강

개혁의 시대를
마주하다

혁명 후의 프랑스

존 스튜어트 밀은 자서전을 일곱 개의 장으로 나누어 썼습니다. 그런데 그가 시대를 구분한 방법에 조금 애매한 구석이 있습니다. 존 스튜어트 밀은 약 육십칠 년 정도 생존했는데요, 1장에서 6장이 그가 삼십 대 후반까지 살아온 이야기입니다. 그러고는 마지막 7장에 남은 삼십여 년간의 일들을 썼습니다. 균형이 조금 맞지 않죠? 이번 강의에서는 자서전과 다르게 시기를 나누어 설명하겠습니다.

존 스튜어트 밀은 열네 살 때 처음으로 아버지의 품을 떠나 프랑스로 갑니다. 그곳에서 새로운 세계를 접한 경험을 아버지의 이야기와 함께 2장 끝에 언급하고 있습니다. 우리는 그 이야기를 뒤로 조금 미루어서 이번 3강에서 이야기 나누는 것입니다. 따라서 이번 내용은 존 스튜어트 밀이 프랑스로 간 시점부터입니다.

존 스튜어트 밀의 영재교육은 세 살부터 열네 살 중반까지 십일 년 정도에 걸쳐 일단락을 맺습니다. 그다음부터 그는 프랑스에서 일 년하고도 두세 달을 지내게 됩니다. 존 스튜어트 밀이 프랑스에서 지낸 시기는 그의 일생에 대단히 중요한 경험을 안겨주었습니다.

그 이유를 말씀드리기 전에 이 시기 프랑스의 상황을 먼저 알아볼게요. 프랑스는 1789년 프랑스혁명이 끝난 뒤 여러 가지 면에서 우여곡절을 겪습니다. 우선 프랑스 내부 상황이 혼란스러운 틈을 타 나폴레옹(Napoléon Bonaparte, 1769~1821)이 전면에 등장합니다. 그리고 곧이어 나폴레옹 전쟁이 발발하죠. 나폴레옹 전쟁은 1803년부터 1815년까지 장장 십이 년 동안 유럽을 전쟁의 도가니로 몰아넣었습니다. 나폴레옹 본인은 전쟁의 귀재라느니 최고의 전략가라느니 하는 칭송을 받았고, 처음에는 일부 유럽 국가도 나폴레옹을 귀족 계급의 억압으로부터 민중을 해방해줄 혁명군으로 받아들였지만, 시간이 지날수록 점령군으로서의 횡포를 드러내면서 반감을 사게 됩니다. 그 결과 1815년, 메테르니히(Klemens Wenzel Lothar Fürst von Metternich-

워털루 전투.

Winneburg zu Beilstein, 1773~1859) 같은 사람들이 나폴레옹에 반
발하는 보수동맹을 만드는 등 반동 정치가 만연해집니다. 동시
에 보수적인 세력과 정치를 거부하는 일종의 새로운 사회운동
이 벌어졌어요. 이것이 1815년의 일입니다. 그리고 이때부터 유
럽은 19세기 개혁의 시대를 맞이합니다.

프랑스 유학생이 된 존 스튜어트 밀

존 스튜어트 밀이 프랑스로 건너간 것은 1820년, 그가 열네 살
이었을 때입니다. 나폴레옹 전쟁 후 새로운 진보세력이 프랑스
를 중심으로 전 유럽으로 확산해가던 중이었죠. 처음에 존 스

튜어트 밀은 아버지에게 받은 교육의 영향으로 프랑스혁명에 상당히 공감하고 있었습니다. 유럽 사회에 거대한 변화를 초래한 혁명의 장본인 '프랑스'를 유심히 관찰하면서 흥미를 느끼게 된 거예요.

여러분도 아시다시피 영국 날씨는 좋지 않습니다. 비가 오지 않는 날에도 우산을 갖고 다녀야 할 정도예요. 저도 영국에서 일 년 정도 살면서 영국인들이 항상 우산을 들고 다니는 이유를 알게 되었습니다. 영국의 비는 참 이상합니다. 우리나라처럼 며칠 동안 연달아 내리거나 한번 내리면 시원하게 쏟아지거나 하지 않아요. 마치 물을 뿌리듯 찔끔찔끔 내리다가 한두 시간 지나면 맑아졌다가 또 오고 그러는 식입니다. 그러니까 항상 흐린 거죠. 그런데 프랑스의 날씨는 어떻습니까? 이탈리아보다는 덜 하지만 역시 태양의 나라입니다.

영국에는 평원이 많습니다. 높은 데라고 해봤자 우리 식으로는 언덕 정도에 불과하지요. 그래도 산이라는 이름으로 불러줄 만한 것은 스코틀랜드쯤 올라가야 나옵니다. 한마디로 영국의 지형은 우리나라처럼 험준하지 않습니다. 반면 프랑스에는 높은 산이 있습니다.

존 스튜어트 밀이 십사 개월 동안 생활한 곳은 몽펠리에(Montpellier)라고 하는 프랑스 남부 프로방스 지방이었습니다.

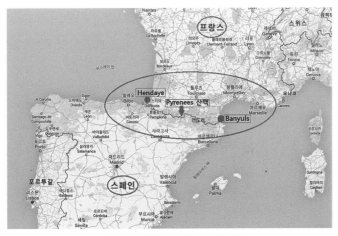

프랑스와 스페인 국경지대의 피레네산맥.

요즘 칸영화제가 열리는 곳이지요. 몽펠리에는 햇빛 찬란한 남쪽 프로방스에 있는 대학 도시였습니다. 존 스튜어트 밀은 몽펠리에 대학에서 태어나 처음으로 다른 사람의 강의를 듣게 됩니다. 아버지한테만 교육을 받다가 논리학과 철학, 자연과학 등을 다른 사람의 강의로 듣게 된 것입니다. 감동이 대단했겠지요? 게다가 그는 영국과 다른 자연환경에서도 영향을 많이 받았습니다. 몽펠리에에서 남쪽으로 내려가면 스페인의 바르셀로나가 나오는데, 피레네산맥이 프랑스와 스페인의 국경지대에 있습니다. 피레네산맥은 대단히 웅장합니다. 알프스만은 못하지만요. 존 스튜어트 밀은 피레네산맥을 아주 좋아했다고 해요. 사춘기 소년이었던 존 스튜어트 밀은 거대한 산맥의 숭고함에 흠뻑 빠

져버립니다.

뜨거운 태양도 높은 산맥도 존 스튜어트 밀에겐 모두 처음 보는 것들이었습니다. 게다가 그는 여기서 처음으로 또래 친구를 사귑니다. 열여섯 살이 될 때까지 친구가 없었던 그에겐 그야말로 놀라운 경험의 연속이었습니다. 친구를 사귀고 대학에도 다니면서 그는 정말 즐겁게 강의를 들었습니다. 비록 청강생 처지였지만 그에게는 값진 경험이었을 겁니다. 한가한 시간에는 피레네산맥으로 등산도 다니면서 그는 프랑스에서 다양한 경험들을 쌓아갑니다. 모두 생전 처음 맛보는 환희의 순간들이었어요. 그래서일까요? 존 스튜어트 밀은 평생 프랑스를 좋아했습니다. 자신의 마지막도 프랑스 프로방스 남부에서 맞이했을 정도로요.

1789년 시작되어 십여 년간 계속된 프랑스혁명 이후 유럽에는 여러 가지 사상의 싹이 움틉니다. 그중 눈여겨볼 만한 사람이 생시몽(Claude Henri de Rouvroy, comte de Saint-Simon, 1760~1825)이에요. 생시몽은 귀족 출신으로 프랑스혁명 이후 초래된 사회변화를 직감적으로 인지하는 탁월한 감수성을 지녔던 사상가입니다. 푸리에(Charles Fourier, 1772~1837)와 오언(Robert Owen, 1771~1858), 그리고 생시몽의 사상은 마르크스에 의해 '공상적 사회주의(utopischer Sozialismus)'라고 비판을 받았습니다. 당시 프랑스에는 산업사회가 형성되고 있었는데, 생시몽이 보기에 사람들의 삶이 너무나 메마르고 비참했습니다. 그래서 생시몽은 산업화 이전의 농업사회에서 가졌던 형제애와 인류애, 연대감을 회복할 필요성이 있다고 생각했습니다. 생시몽은 자유와 평등보다도 프랑스혁명 3대 이념 중 하나였던 '우애와 박애'를 더 존중했던 사람입니다. "형제들이여 싸우지 말고, 돈 때문에 고민하지 말고, 우리 마음을 합쳐서 서로 함께 살아가자."라고 주장했습니다. 칼 마르크스는 이런 생각을 '공상적'이라며 비판했습니다. 옛날 사회로 돌아가는 그런 방법으로는 진정한 사회주의를 이룩할 수 없다면서 과학적으로 분석한 사회주의가 필요하다고 역설했지요.

존 스튜어트 밀은 사춘기 시절, 생시몽의 공상적 사회주의 이념에 흠뻑 빠집니다. 그즈음 프랑스를 지배하던 사회주의, 혁명, 감성적인 사회 분위기에 매료된 거예요. 이성과 합리만을 따졌던 벤담이나 아버지 제임스 밀의 공리주의 사상에 대해서 조금씩 회의하기 시작한 것도 이즈음입니다. 그렇다고 해서 그

---

* 공상적 사회주의 혹은 초기 사회주의(Frühsozialismus)는 카를 마르크스 이전의 사회주의 사상을 가리킨다. 마르크스의 '과학적 사회주의'가 등장하기 이전에 있었던 이른바 원류 사회주의다.

가 급격하게 변한 건 아닙니다. 변화는 오히려 그다음에 찾아오는데요. 이 내용은 자서전 삼 장에 나옵니다. 자신이 마지막으로 받은 아버지의 교육 중 몇 가지 단계와 독학으로 넘어가는 단계를 설명하는 부분에서 잘 드러납니다.

난외주기 공부법

아버지 제임스 밀은 고대 그리스어와 고전 및 라틴어, 수학을 가르치는 교육이 끝나자 열다섯 살쯤 된 존 스튜어트 밀을 자신과 동급인 학자로 대우해줍니다. 아버지가 쓴 『영국령 인도의 역사』도 존 스튜어트 밀이 교정을 보았을 정도로 아들을 신뢰했습니다. 아버지 제임스 밀은 그 책을 완성한 뒤 동인도회사에 취직하고, 이어서 다른 책을 쓰게 됩니다. 당시 동인도회사는 운영 체제가 느슨했습니다. 하루 근무 시간이 여섯 시간밖에 되지 않았어요. 덕분에 제임스 밀은 세 시간 동안 일하고 나머지 시간에는 저술에 몰두할 수 있었습니다. 학자에게는 공부하기 딱 좋은 직장이었지요.

그 당시 제임스 밀은 이미 정치경제학 분야에서 유명했는데, 아들에게 이에 관련한 책의 교정도 맡깁니다. 책을 교정한다는 것은 결코 만만한 일이 아닙니다. 일단 책을 처음부터 끝까지 꼼꼼하게 읽어야 합니다. 그런데 어린 존 스튜어트 밀이 맡았던 교정은 책을 읽으면서 맞춤법을 고치는 수준이 아니었습니다. 영국의 오래된 책을 보면 우리나라에 없는 '난외-주기(欄外註記)'라고 하는 독특한 형식이 있는데, 존 스튜어트 밀이 한 작업이 바로 이것입니다. 옛날 책들을 보면 책 본문 바깥쪽으로 여백이 있어요. 위, 아래 옆으로요. 그 공간에 각 문단의 핵심을 요약해서 쓰는 것입니다. 우리가 보통 사용하는 각주나 미주와는 다른 것으로 이를 난외주기라고 합니다. 난외주기를 하려면 본문을 완전히 이해해야 합니다. 다른 사람이 볼 때 본문이 한눈에 딱 들어올 수 있도록 내용을 요약해야 하니까요. 아버지 제임스 밀이 쓴 정치경제학은 내용이 매우 방대한 책이었어요. 그런데 이 책의 난외주기를 존 스튜어트 밀에게 시킨 것입니다. 물론 이것도 하나의 교육 방법이었지요.

아버지가 그랬듯 벤담도 존 스튜어트 밀에게 난외주기를 시켰습니다. 바로 벤담이 쓴 『입법론』이라는 유명한 책에 말이에요. 제레미 벤담은 사실 법학자이자 법률가였습니다. 그가 평생 고민한 문제는 입법 개혁입니다. 즉, 입법과 법전, 감옥을 개혁하고자 고심했지요. 여러분, '감옥'이나 '수감시설'을 둘러싼 제반 문제를 개혁하자고 외친 사람 중에 미셸 푸코

(Michel Foucault, 1926~1984)가 유명한데요. 그가 쓴 『감시와 처벌Surveiller et punir』(1975)이라는 책의 초반에 '파놉티콘'이 나옵니다. 파놉티콘(Panopticon)은 영국의 철학자이자 법학자인 제러미 벤담이 제안한 일종의 감옥 건축양식입니다. 그리스어로 '모두'를 뜻하는 'pan'과 '본다'를 뜻하는 'opticon'을 합성한 말로 벤담이 소수의 감시자가 모든 수용자를 자신을 드러내지 않고 감시할 수 있는 형태의 감옥을 제안하면서 만든 말입니다.

제러미 벤담이 구사한 감옥은 중앙에 감시탑이 있고, 죄수들의 감옥을 방사형으로 만들어 간수가 작은 것 하나하나까지 감시할 수 있도록 했습니다. 제러미 벤담은 죄수들을 교화하기 위한 가장 효율적이고 경제적이며 공리적인 감옥의 형태로 파놉티콘을 구상한 것입니다. 이 파놉티콘의 원리가 훗날 산업화 사회의 공장이나 학교, 회사 등에 적용되었습니다. 감시와 통제라고 하는 사회의 메커니즘이 제러미 벤담의 파놉티콘이라는 원형 감옥에서 나온 것을 비판한 책이 미셸 푸코의 『감시와 처벌』입니다. 제러미 벤담은 공리주의자로서 파놉티콘의 원리를 고안했는데, 존 스튜어트 밀은 벤담의 사상이 대단히 합리적이지만 여기에도 좌시할 수 없는 문제점이 있다고 생각합니다. 존 스튜어트 밀의 비판을 이해하려면 먼저 벤담의 생각을 들어보아야겠죠?

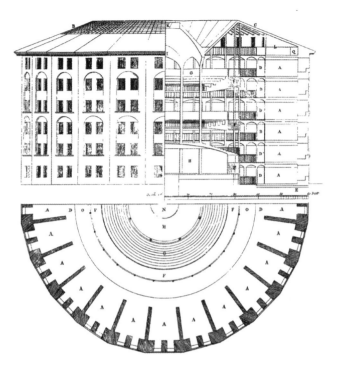

파놉티콘의 청사진.

　제러미 벤담이 창시한 사상의 기초 단계는 『입법론』이라는
여섯 권짜리 책에 오롯이 담겨 있습니다. 양으로 보아도 굉장히
방대한데요, 내용은 어마어마합니다. 수많은 입법 개혁 내용이
있거든요. 2강에서 잠깐 언급했듯이 벤담은 위생과 감옥, 남녀
평등, 심지어 동물의 권리까지 개혁하자고 주장했던 사람입니
다. 세계에서 최초로 동물권을 주장한 사람이 제러미 벤담이에

요. 그는 이렇게 어마어마한 책인 『입법론』의 난외주기 교정을 존 스튜어트 밀에게 맡깁니다. 당시 밀의 나이는 열일곱에서 열여덟 정도였습니다. 벤담이 훌륭한 점이 또 하나 있습니다. 그는 어린 존 스튜어트 밀에게 난외주기를 시키면서 그의 공을 인정하여 본인 책의 공저자로 인정해줘야겠다고 마음먹습니다. 우리나라에서도 논문의 공저자 문제로 이따금 논란이 일지만, 존 스튜어트 밀은 제러미 벤담에게 인정을 받고 학문 활동을 시작하게 됩니다. 아버지에게 받은 영재교육 다음 단계로 벤담, 리카도 같은 학자들에게 가르침을 받은 것이지요. 이런 배경에는 현재와 조금 다른 분위기가 한몫하는지도 모릅니다. 그 시절만 해도 제러미 벤담이나 제임스 밀의 집에는 당대 지식인들이 자주 방문하면서 자라나는 아이들에게 영향을 주기도 했거든요.

공리주의자 협회를 만들다

존 스튜어트 밀 자신도 학문의 길을 개척하기 위해 여러 가지로 노력합니다. 그중 대표적인 활동이 '공리주의자 협회'라는 일종의 서클을 만든 것입니다. 처음에는 세 명 정도로 소박하게 출발했는데요. 존 스튜어트 밀 집안이 제러미 벤담의 집 옆에 살고 있어서 영향력이 제법 컸습니다. 물론 제러미 벤담이 공리주의자였지만 '공리주의자(utilitarianist)'라는 개념을 공개적으로 처음 쓴 사람은 존 스튜어트 밀입니다. 열여섯 살에 서클을 만들면서 '공리주의자 협회(utilitarian society)'라는 이름을 붙였거든요. 우리나라의 어떤 책에는 이를 '공리주의 사회'라고 번역했던데, 이때의 'society'는 사회가 아니라 '협회'라는 의미입니다. 〈죽은 시인의 사회〉라는 유명한 영화가 있는데요. 영화 제목을 그럴듯하게 생각하는 분들도 많지만 실은 '데드 포잇 소사이어티'라는 것은 학생들 몇 명이 '죽은 시인'이라는 타이틀로 만든 서클의 이름입니다. 여기서도 역시 '사회'가 아니라 '서클'입니다.

존 스튜어트 밀은 자기보다 훨씬 나이가 많은 친구들 몇 명과 함께 공리주의자 협회를 만들었습니다. 그러면서 자신이 공리주의자라는 말을 세계 최초로 사용했다고 자서전에 씁니다. 하지만 이것은 문제가 있는 서술이에요. 이미 공리주의라는 말은 존 스튜어트 밀이 협회를 만들기 전, 1815년에 이미 제러미 벤담이 사용했기 때문입니다. 이런 이야기를 읽을 때면 자랑이 좀 심한 게 아닌가, 하는 생각도 듭니다. 아무튼 그는 공리주의자 협회를 만들어 자기보다 나이 많은 사람들을 이끌면서 이 주일에 한 번씩 모임을 합니다. 이 협회의 특징은 회원들이 모두 납득할 때까지 토론을 계속하는 것이었어요. 어떤 한 주제에 대해 그냥 지나가는 법 없이 논문과 책을 읽고 비판적인 의견을 나누었습니다. 아버지가 쓴 책도 읽고, 제러미 벤담의 책도 읽었습니다. 열여섯 살의 존 스튜어트 밀을 중심으로 마지막에는 열 명까지 회원 수가 늘었습니다. 충분한 대화가 이루어질 수 있는 범위 안에서 회원을 새로 받아들였기에 그 이상으로 늘어나진 않았습니다. 존 스튜어트 밀은 이 모임을 오랫동안 유지합니다. 당면한 사회 문제를 토론하고 중요한 문헌을 함께 읽으면서요. 어떤 문제를 비판할 때엔 옳고 그름을 먼저 판단하기 전에 비판하게 된 이유와 논리를 상대방이 납득할 수 있도록 설명하는 데 중점을 두었습니다. 이 역시 아버지에게 배운 소크라테스의 방법이라고 볼 수 있겠군요.

저는 대학에서 학생들을 가르칠 때 토론이나 글쓰기를 하면서 결론 맺기에 급급해하지 말고 본인의 생각과 주장을 논리적으로 설명할 수 있는 능력을 길러야 한다고 강조했습니다. 중요한 것은 설득할 수 있는 힘이라고 말이에요. 논리적으로 얘기할 수 있어야 발언에 대한 신뢰가 가능하다고 말했습니다. 그런 신뢰가 있다면 그 사람이 보수주의자든 진보주의자든 그다지 중요하지 않다고 얘기하는데요. 이렇게 이야기하면 어떤 학생들은 반론도 제기합니다. 저는 생각이 형성되는 속도는 느려도 괜찮다고 생각합니다. 중요한 것은 과정이죠. 그런데 우린 항상 생각하거나 말하는 것조차 빠르게 처리하려고 합니다. '빨리 빨리'가 모든 것을 지배합니다.

존 스튜어트 밀은 독학하는 단계에서 친구들과 서클 활동을 통해 생각을 형성해나갔습니다. 그리고 열일곱 살 무렵부터 조금씩 글을 쓰기 시작합니다. 가장 먼저 쓴 글은 인류의 진보에 대한 내용이었습니다. 그는 모임을 결성하여 친구들과 토론 활동을 하고 글을 쓰면서 나름대로 인생의 목표를 세웁니다. 한국 나이로 계산하면 고등학교 이 학년쯤인데요. 그때부터 존 스튜어트 밀은 '세계를 개혁하고 싶다.'는 꿈을 꿉니다. 물론 당시엔 생시몽 같은 공상적 사회주의를 염두에 두거나 형제애나 연대를 기반으로 한 사회주의를 꿈꾸었던 건 아니지만요. 존 스튜어트 밀은 본인이 썼던 '공리주의자'라는 개념을 스코틀랜드의 목사 존 골트가 쓴 『시골연대기』에서 가져왔다고 합니다. 이 책에 "세상에는 눈앞의 이익에만 급급해 신의 말씀과 거룩한 뜻을 지키지 않는 인간들이 있는데, 이들을 공리주의자라고 한다."는 부분이 나오는데요. 상당히 비판하는 조로 기술했죠? 존 스튜어트 밀은 공리주의자를 비난하는 이 표현이 마음에 들었나 봅니다. 그래서 공리주의자라는 표현을 공리주의자 협회 타이틀로 채택한 것이지요.

존 스튜어트 밀은 그 당시 영국을 지배하고 있었던 국왕을 비롯하여 귀족들, 신흥 지배계급으로서 의회와 사법을 지배하고 있었던 법조인들을 물리치고 사회를 개혁해야만 진정으로 좋은 국가를 이룩할 수 있다고 생각했습니다. 그래서 이러한 취지의 글을 최초로 쓰게 되었는데, 한창 사춘기인 고등학생 시기에 자기 나름대로 세상을 바꿔보겠다고 야무진 꿈을 꾸었던 것입니다. 어떻게 보면 매우 평범하고 꿈 많은 사춘기 소년의 모습인데, 존 스튜어트 밀의 경우엔 철저한 사상적 훈련과 고전교육을 통해서 개혁을 이룩하자고 주장한 것이 특이하다고 볼 수 있습니다.

변화하는 영국, 민주주의를 꿈꾸며

우리는 존 스튜어트 밀을 떠올릴 때마다 공리주의자라는 말을 항상 같이 이야기합니다. 제러미 벤담도 그렇고, 제임스 밀도 그렇지만 그 당시 영국에 공리주의자들만 있었던 건 아닙니다. 물론 당대의 공리주의자들은 현대 사회에서 말하는 진보와 보수라고 하는 측면에서 볼 때 분명히 진보적이었습니다. 그러나 이들보다 진보적인 세력도 분명히 있었습니다. 영국 사회를 더욱더 근본적으로 개혁해야 한다고 주장한 코베트(William Cobbett, 1763~1835)도 있었고, 그전으로 올라가면 토머스 페인 같은 사람도 있었지요. 공리주의자들이 그 시대 영국에서 전적으로 진보적인 의견만을 제시한 건 아니지만, 그렇다고 보수적인 세력도 아니었습니다. 일종의 개혁주의자들이었지요. 공리주의자들이 추구한 개혁을 간단히 말씀드리면, 정치에 직접 개입했다기보다 사상운동으로서 중요한 역할을 했다고 보면 됩니다.

당시 영국의 정치집단을 보수적인 정치세력과 진보적인 정치세력으로 나눈다면, 전통적으로 토리당과 휘그당을 예로 들 수 있습니다. 우리나라에서는 대개 토리당은 보수당, 휘그당은 자유당으로 구분하는 경향이 있는데요. 실은 구분이 그렇게 명확하지 않습니다. '토리'나 '휘그'는 둘 다 별명이랍니다. 정식 명칭은 보수당과 자유당입니다. '토리(Tory)'는 아일랜드어의 'toraidhe'에서 유래된 것으로 의미는 '불량함' 혹은 '도적'이고요, '휘그(Whig)'는 스코틀랜드어에서 '모반자' '말 도둑'을 의미합니다. 결국 둘 다 '도둑'이란 뜻이군요. 정치인을 도둑에 비유하는 것은 전 세계적으로 같은 현상인데요, 독일에서는 정치인을 종종 '사기꾼(Gauner)'이라고 부르고, 한국에서는 대개 '모리배'라고 하죠. 그런 인식이 19세기 영국에도 있었나 봅니다. 사실 토리나 휘그는 16~17세기에 생겼는데 정치인들끼리 서로를 도둑놈이라고 욕했다는 일종의 증거인 셈입니다. 그런데 토리와 휘그는 같은 도둑이지만 활동 영역이 조금 달랐습니다. 토리는 보수적인 귀족과 땅으로 상징되는 지주도둑이었고, 휘그는 반역자에 가까운 특성을 지닌 도둑이었습니다. 그래서 한쪽에서는 '땅도둑'이라 비난하고, 반대쪽에서는 '말도둑'이라고 비난했지요.

정치인들을 직접적으로 비판한 공리주의자들은 대부분 휘그당 쪽이었습니다. 토리당은 영국의 전통적인 왕정 체제를 옹호하는 세력이었고, 휘그당은 왕정 체제의 세습화에 반대했습니다. 16~17세기부터 있었던 정당들이 18~19세기에 이르기까지 200~300년 동안 보수와 진보를 구분하지 못할 정도로 변질된 것입니다. 즉 정치인들이 토리당과 휘그당을 정권 창출을 위한 이익집단으로 생각하기 시작한 것입니다. 전통적으로 귀족이나 지주를 포함한 상류층은 토리당을 지지했고, 중류층은 휘그당을 지지하는 경향이 강했는데요. 하류층은 이들과 조금 달랐어요. 당대 영국의 인구분포를 보면 상류층이 전체의 약 일 퍼센트를 차지하고 그 나머지에서 중류층이 삼 분의 일, 하류가 삼 분의 이 정도를 차지했는데요. 도시와 농촌 지역에 살았던 하류층은 지지하는 정당이 서로 달랐습니다. 도시 하류층은 휘그당을 지지했고, 농촌 하류층은 토리당을 지지했습니다.

영국의 정치 구조를 한번 생각해봅시다. 흔히 마그나 카르타 혹은 대헌장(Magna Carta, the Great Charter of Freedoms)을 민주주의의 시발점으로 꼽는데요. 이것은 1215년 6월 15일, 영국의 존 왕이 귀족들의 강요에 의해 국왕의 권리를 문서에 명시한 것입니다. 그때 귀족들은 존 왕에게 몇 가지 권리를 포기할 것, 법적 절차를 존중할 것, 왕의 의지라고 해도 법으로 제한될 수 있음을 인정할 것 등을 요구했습니다. 전제군주의 절대 권력에 제동을 걸기 시작한 것입니다. 영국은 이 마그나 카르타를 근간으로 민주주의를 발전시킵니다. 이후로 권리청원과 명예혁명, 권리장전 등등 굉장히 복잡한 역사가 이어지는데, 다 세계사 시간에 배웠을 것입니다.

공리주의자들은 이러한 영국의 역사를 비판적인 시각으로 바라보았습니다. 실익이 없는 정쟁, 권력다툼으로 몇백 년간 이어졌다고 여긴 거예요. 제러미 벤담이나 제임스 밀, 존 스튜어트 밀도 '정치의 근본적인 변혁이 필요하다.'고 생각했습니다. 당시 상황을 예로 들어볼게요. 휘그당이나 토리당의 경우, 19세기 초반까지는 일반 민중이나 노동자 계층에 대한 선거권을 인정하지 않았습니다. 1832년이 되어서야 최초로 중간 계층의 선거권을 인정했고, 1867년 2차 선거법 개정안이 통과되면서

독피지에 기록된 마그나 카르타.

오스트레일리아 의회의사당에 마그나 카르타 1297년판이 전시되어 있다.

노동계급도 선거권을 획득합니다. 그러나 여성들의 선거권은 훨씬 더 늦게 쟁취되지요. 제러미 벤담이나 존 스튜어트 밀은 19세기 초엽 이미 여성의 투표권을 인정해야 한다고 주장했지만, 영국에서 실제로 여성에게 투표권이 인정된 것은 20세기인 1918년입니다. 그래서 지난 2018년에는 영국에서 여성 투표권 백 년을 기념하는 큰 집회가 열렸어요. 영국의 모든 여성 가수가 나와서 페스티벌을 열었습니다. 그날을 기억하자는 시위도 있었는데요. 이는 굉장히 중요한 사건입니다. 1918년 여성들이 투표권을 확보하기까지 이백 년 동안 투쟁했던 세월이 있었고, 이를 잊지 말자는 의미에서 벌인 시위였으니까요.

1918년에는 또 하나의 중요한 변화가 있었습니다. 제1차 세계대전이 끝난 뒤 영국에서는 노동당이 집권합니다. 19세기와

1913년 비엔나에서 벌어진 여성 참정권 운동.

1913년 미국 워싱턴 DC에서 개최된 여성 참정권 행진.

1918~1919년, 그리고 제1차 세계대전이 끝날 때까지만 해도 영국은 기본적으로 보수적인 사회였어요. 그러다가 노동조합을 중심으로 한 노동당이 생기면서 점차 진보로 나아가기 시작합니다. 존 스튜어트 밀이 프랑스혁명을 눈으로 직접 보고, 열네 살의 나이에 생시몽의 공상적 사회주의를 꿈꾸던 그 시절부터 시작해서 약 백 년 후에야 이루어진 변화입니다. 영국의 역사가 말해주는 것처럼 한 사회의 변화는 그야말로 지난한 과정을 통해 이루어집니다.

이상이 존 스튜어트 밀의 자서전 삼 장에 나오는 이야기입

내 친구 존 스튜어트 밀

자서전으로 만나는 19세기 아리스토텔레스

초판 1쇄   2021년 5월 4일

지은이   박홍규

출판책임	박성규	펴낸이	이정원
편집주간	선우미정	펴낸곳	도서출판 들녘
디자인진행	김정호	등록일자	1987년 12월 12일
편집	이동하·이수연·김혜민	등록번호	10-156
디자인	한채린		
마케팅	전병우	주소	경기도 파주시 회동길 198
경영지원	김은주·장경선	전화	031-955-7374 (대표)
제작관리	구법모		031-955-7376 (편집)
물류관리	엄철용	팩스	031-955-7393
		이메일	dulnyouk@dulnyouk.co.kr
		홈페이지	www.dulnyouk.co.kr

ISBN   979-11-5925-636-3 (43100)

값은 뒤표지에 있습니다. 잘못된 책은 구입하신 곳에서 바꿔드립니다.

돈 시스에아 템

기와교근

61강 사랑은 위대하다

해리엇은 내 운명

자서전 6장은 존 스튜어트 밀의 사랑 이야기입니다. 자서전에서 가장 로맨틱한 부분이자 존 스튜어트 밀의 생애에서 가장 사랑스럽고 낭만적인 분위기가 있는 그런 이야기죠. 존 스튜어트 밀은 스물네 살이 되기 전까지 한 번도 연애를 하지 못했습니다. 이런 상황을 불행하다고 해야 될지, 어떻게 말씀드려야 될지 잘 모르겠습니다만, 그러다가 스물네 살 때, 그러니까 1830년에 본인보다 한 살 어린 여성을 만납니다. 그녀의 이름은 해리엇 테일러였어요. '테일러'라고 하는 성은 아버지가 아니라 남편에게서 온 것입니다. 말하자면 이미 결혼한 여성과 사랑에 빠지게 된 것입니다. 당시 스물세 살이었던 해리엇에겐 아이가 이미 둘이나 있었고, 또 한 아이를 임신 중이었습니다. 그녀는 열아홉 살에 결혼해서 남편인 테일러 씨와 함께 살고 있었는데, 그런 상황에서 존 스튜어트 밀은 그녀를 만나게 되었습니다.

두 사람 사이에 처음부터 불꽃 튀는 그런 사랑의 감정이 있었던 것은 아닙니다. 첫 만남이 이루어진 뒤로 서서히 호감을 느끼게 되었다가 이 년 뒤쯤부터 두 사람의 사랑은 본격화됩니다. 여러분도 짐작하시겠지만, 19세기 초엽의 영국 사회는 대단히 도덕주의적인, 그야말로 엄숙주의가 팽배한 분위기였습니다. 그 속사정이야 어쨌든 적어도 외면적으로 도덕이 굉장히 강조되는 그런 시대였으므로 총각과 유부녀의 사랑이라는 것은 용납될 수가 없었습니다. 그런데 이 두 사람은 어쨌든 서로 사랑하기 시작합니다. 결국 해리엇은 삼 년 뒤인 1833년에 남편과 별거에 들어갔고 이후 약 이십 년 정도 혼자 살았습니다. 그러다가 1849년에 남편이 세상을 떠나자 1851년에 존 스튜어트 밀과 결혼합니다. 두 사람이 만나서 결혼하기까지 이십일 년이 걸린 셈입니다. 이들의 사랑은 특히 존 스튜어트 밀에게 대단히 중요한데요. 존 스튜어트 밀에게 사상의 변화를 끌어낸 만남이었기 때문입니다. 해리엇의 영향으로 그가 『자유론』을 쓰게 되었다는 점은 잘 알려진 사실이죠?

이 사랑은 어쨌든 사회적으로 불륜이었고 대중에게 상당

해리엇 테일러 밀의 초상화.

히 나쁜 평가를 받았습니다. 그러나 두 사람은 매우 진지했고 실제로 그 둘이 결혼하기 전까지는 소위 '플라토닉 러브'로서 순수한 대화로만 사랑을 유지했습니다. 본인들에겐 나름의 순애보였던 셈이지만 사회의 시선은 따가웠습니다. 따라서 존 스튜어트 밀은 이 문제에서도 여러 가지 자극을 받습니다. 자유에 대한 개념, 사회에 대한 개념, 여성의 해방과 관련되는 다양한 문제에 대해 진지하게 생각하게 된 것입니다. 나중에 이 모든 것들이 서로 연결되면서 존 스튜어트 밀의 새로운 사상이 싹을 틔웁니다.

여러분, 빈센트 반 고흐라는 화가를 아시지요? 좋은 그림을 워낙 많이 그렸지만 삶은 참 불운했던 사람입니다. 반 고흐는 몇 가지 소재를 집중적으로 그린 화가로도 유명합니다. 그중 하나의 소재가 '별이 빛나는 밤'입니다. 아를의 테라스에서 별이 빛나는 밤을 그리기도 하고, 별이 빛나는 밤의 전원을 그리기도 했어요. 풍경화를 그릴 때 야경을 그리는 경우는 별로 없었는데, 빈센트 반 고흐에게는 별이 빛나는 밤이 그 자체로 종교적인 의미까지도 지니는 그런 소재였습니다. 그중 '론강의 별이 빛나는 밤'이라는 그림이 있습니다. 은하수들이 막 빛나는 밤에 두 남녀가 강변 구석을 걷고 있는 그림입니다.

제가 이 그림을 이야기하는 이유는 이 그림을 보면서 문득 존 스튜어트 밀과 해리엇 밀의 사랑을 연상했기 때문입니다. 빈센트 반 고흐가 이 그림을 그렸을 때가 1888년인데, 이 무렵 그는 아를 부근의 생레미라고 하는 지역의 정신병원에 입원해 있었습니다. 그러니까 해리엇과 존 스튜어트 밀이 사랑을 나눈 훨씬 뒤의 그림이죠. 두 사람의 사랑은 1850~1860년대 이루어진 일이니까 시간상으로는 간격이 이십 년이 넘습니다. 또한 그림에 등장한 남녀도 존 스튜어트 밀 부부가 아닙니다. 그런데도 저는 이 그림을 보면서 존 스튜어트 밀을 떠올렸습니다. 두 사람이 결혼하고 난 뒤 칠 년 만에 해리엇이 세상을 떠나는데, 그

<〈론강의 별이 빛나는 밤〉, 1888년.

장소가 아를에서 아주 가까운 아비뇽이라는 도시여서 그런가
봅니다.

우리가 보통 프랑스 남부의 프로방스를 여행하려고 하면
리옹, 아비뇽, 아를을 거쳐서 몽펠리에로 가게 됩니다. 몽펠리
에는 지중해 연안 도시로서 그 옆에 칸이 있지요. 해리엇은 여
행 도중 갑자기 사망하는데 그곳이 바로 아비뇽이었고 지금도
이곳엔 그녀의 흔적이 남아 있습니다. 해리엇이 사망하고 난
오 년 뒤에 존 스튜어트 밀도 유명을 달리합니다. 후세 사람들
은 "아내 옆에 묻어달라."는 존 스튜어트 밀의 유언에 따라 같

아비뇽 생-베랑에 있는 존 스튜어트 밀의 묘지(좌)와
해리엇 테일러 밀의 묘지(우).

은 곳에 안장하지요. 두 사람은 아내가 실제로 세상을 떠나기
전에 아비뇽에서 잠시 살았습니다. 아비뇽에 가면 아주 오래된
공동묘지가 있는데, 바로 그곳에 두 사람의 묘지가 있습니다.

아비뇽의 생-베랑 공동묘지에서 이 킬로미터쯤 떨어진 곳
에 론강이 흐르고 있습니다. 론강은 아주 큰 강입니다. 파리에
가보신 분들은 센강을 큰 강이라고 생각하시는데, 론강을 보
신 분들은 하나같이 "센강? 에이 그게 무슨 강이야, 냇가지." 이
렇게 생각합니다. 그 정도로 론강은 폭이 넓어요. 그 론강이 알
프스에서 시작해 쭉 이어지는데 강둑을 따라서 한 이 킬로미터
걸어가는 산책로가 굉장히 아름답습니다. 그 산책길에서 조금
떨어진 숲속에 두 사람이 살았던 집이 하나 있어요. 프로방스
의 전형적인 집으로 하얀 벽돌에 황색 지붕, 유리창엔 푸른색
커튼이 드리워진 집입니다. 왠지 두 사람 생각에 눈물을 짓게

되는 그런 모습인데, 반 고흐의 그림을 보면 이상하게도 존 스튜어트 밀과 해리엇이 자동으로 연상됩니다.

깊고 영원한 마음의 교류

당시 스물네 살이었던 존 스튜어트 밀은 이미 학문적으로 명망이 높았습니다. 자기보다 나이가 많은 사람들을 거의 제자급으로 거느리고 있을 정도였어요. 신문에 글도 많이 실렸고, 모임을 조직하고 이끄는 등 다양한 활동을 통해 나름대로 청년 지식인으로서, 청년 지성인으로서의 자리를 차지하고 있었습니다. 아버지 역시 유명한 학자이자 동인도회사의 요직에 있는 인물이었고 본인도 마찬가지로 동인도회사에서 상당히 높은 자리에 있었습니다. 사회적으로나 인간적으로나 부족한 점이 없었던 거죠. 게다가 존 스튜어트 밀은 몸이 좀 약하긴 했지만 외모도 괜찮았습니다. 약간 매부리코라 그런지 본인이 좋아했던 로마 시대의 지식인들을 연상시키는 외모였어요. 누가 보기에도 신랑감으로서나 결혼 상대자로서 손색이 없는 청년이었습니다. 그런 그가, 연애 한번 해본 적 없던 사람이 이미 결혼한 여성과 사랑에 빠졌으니 주위의 반발이 얼마나 심했을까요?

아버지, 어머니, 형제, 자매는 물론 존 스튜어트 밀이 스물네 살 될 때까지 사귀었던, 혹은 관계되었던 모든 사람이 이 사랑을 반대했습니다. 저는 바로 이런 점 때문에 그가 자서전에 어머니에 대한 언급은 물론 형제자매 이야기를 한마디도 하지 않은 게 아닐까, 추측해보곤 합니다. 존 스튜어트 밀은 아래로 여덟 명의 동생을 직접 가르쳤으니, 그들에게는 맏형이자 스승인 셈입니다. 남동생들이야 그렇다 쳐도 여동생들은 얼마나 귀엽습니까, 그런데 이들에 대해서도 한마디 말이 없습니다. 자신과 해리엇의 순수한 사랑을 이해하지 않고 두 사람을 진심으로 받아들이지 않은 가족에 대한 모종의 복수심이 발동한 것인지도 모르겠어요. 물론 이것은 전적으로 개인적인 생각입니다. 결혼 후 시어머니하고 며느리의 사이도 좋지 않았고요. 두 사람모두 해리엇이라는 같은 이름을 가졌는데도 말입니다.

해리엇 밀의 전 남편인 테일러는 대단히 큰 부자는 아니었습니다만, 사업가로서 수완도 있고 사고도 굉장히 진보적이며지적인 소양이 충분한 그런 사람이었습니다. 그런데 테일러는종교적으로 유니테리언파에 속했습니다. 앞에서 잠깐 말씀드린적이 있는데, 유니테리언파는 영국 성공회에 반발해서 기독교의 전통적인 삼위일체설을 부정하고, "예수는 신이 아니라 인간이다."라는 견해를 밝힌 분파입니다. 즉 기독교를 좀 더 인간적으로 이성적으로 합리적으로 이해하려고 노력했던 교파에 속해 있었습니다.

해리엇 밀의 결혼하기 전의 이름은 해리엇 하디였습니다. 아버지 이름이 토마스 하디였거든요. 『테스』를 쓴 토마스 하디는 아니고요, 동명이인입니다. 아버지는 유복한 은행가였고 집안도 대단히 괜찮았어요. 학교를 다니면서 정규 교육을 받지는 않았지만 해리엇은 지적으로 매우 뛰어난 여성이었습니다. 그때만 해도 여성으로서는 보기 드물게 진보적이었고, 여성해방 문제는 물론 사회주의사상에도 관심을 가졌는데요. 존 스튜어트 밀보다 한 살 어렸는데도 사고는 좀 더 진보적인 뛰어난 여성이었습니다. 아내의 그런 장점을 사랑하고 존경해마지 않았던 존 스튜어트 밀은 자서전은 물론 거의 모든 자신의 저서에서 끊임없이 해리엇 밀을 찬양합니다. 저처럼 무뚝뚝한 사람이 볼 때엔 좀 놀라운 일이죠. 저는 제 책 서문이나 감사의 말 등에 '아내에게 바친다.' 같은 글귀를 써본 적이 한 번도 없는데, 존 스튜어트 밀은 끊임없이 아내를 예찬합니다. '아름다움, 지성, 감성, 예술적 능력, 타고난 학문적 능력 등 모든 면에서 나보다 훨씬 훌륭한 사람이다.'라고 찬양합니다.

그뿐이 아닙니다. 그는 나아가 '이 책은 나와 아내의 공저다.' '나와 아내가 함께 쓴 것이다.' '나의 아내에게 바친다.' 이런 식으로 헌사를 바쳤습니다. 존 스튜어트 밀을 정확하게 이해하는 데 방해가 될 정도로요. 사실 이런 묘한 반감이 드는 이유는 그가 상대적으로 같은 이름을 가진 여성인 어머니에 대해서는 냉정했기 때문인지도 모르겠어요. 모친에 대해서는 말할 수 없이 냉정한 아들이 아내에 대해서는 지나칠 만큼 찬양 일색이라니, 둘 다 비정상적이라고 보이기도 합니다.

존 스튜어트 밀의 아내 사랑은 어떡해서 그렇게 지극할 수 있었던 걸까요. 그들의 만남과 사랑이 깊어졌던 과정을 알아보겠습니다.

해리엇이 남편하고 별거하기 전에도 존 스튜어트 밀은 거의 매일 그녀의 집을 찾아갔습니다. 남편과 더불어 셋이 이야기할 때도 많았는데, 이들의 대화 주제는 주로 사상과 학문, 종교였습니다. 그야말로 보통 이야기하는 플라토닉 러브죠. 그런데 이들에게 플라토닉 러브는 단순히 육체적인 관계를 맺지 않는다, 라는 의미 이상이었습니다. 두 사람에게 지적이고 감성적인 모든 것의 통일, 혹은 일체를 이룰 정도의 깊은 마음의 교류라는 의미였어요. 처음엔 남편이 기분이 좋지 않아서 화도 내고 만나지 말라고 하거나 오지 말라고 하는 등 갈등도 있었다고 합니다. 그러다가 결국 해리엇은 삼 년 뒤인 스물여섯 살 때 남편과 별거하게 됩니다. 그녀의 남편은 성숙하고 훌륭한 사람이었습니다. 존 스튜어트 밀도 자서전에서 해리엇의 남편을 무척 칭찬했습니다. "그는 아주 뛰어난 사람이다. 결점이라고 하면 예술적인 능력이 좀 부족한 것뿐이다."라고 썼을 정도로요. 솔직하게 쓴 것이겠지만, 꼭 그렇게 쓸 필요가 있었을까요?

그런데 이 부분에 아주 재미있는 일화가 있습니다. 훗날 이 자서전이 출판될 때—자서전은 존 스튜어트 밀이 세상을 떠난 후 출판되었다— 존 스튜어트 밀의 의붓딸, 즉 테일러의 딸 헬렌 테일러(Helen Taylor, 1831~1907)가 여기에 이의를 제기한 것입니다. 해리엇과 테일러 사이엔 딸 하나, 아들 둘이 있었습니다. 두 아들은 해리엇과 테일러가 별거를 시작하면서 아버지랑 같이 살았고, 딸은 엄마하고 같이 살면서 존 스튜어트 밀과도 친하게 지냈습니다. 존 스튜어트 밀은 이 의붓딸에 대해서도 칭찬을 아끼지 않았습니다. 의붓딸은 존 스튜어트 밀이 죽고 난 뒤 자서전 출판을 준비하면서 몇 가지 내용을 수정합니다. 바로 이때 자신의 친아버지인 테일러에 대해 '예술적 감각이 결여되었다.'고 썼던 부분에 괄호를 치고 '이것은 사실이 아님'이라고 밝혔다고 합니다. 아마 딸로서는 꽤 복잡한 마음이지 않았을까요?

존 스튜어트 밀과 헬렌 테일러.

한 가지 또 짚고 넘어갈 게 있습니다. 무의식적인 차원에
서 이야기될 만한 요소인데, 존 스튜어트 밀이 세 살 때부터 아
버지로부터 치열한 영재교육을 받았기에 그 자신 아버지에 대
해 절대적인 존경과 함께 은연중 반발심을 품기도 했다고요. 이
런 내용을 프로이트의 이론을 근거로 오이디푸스 컴플렉스라
고 할 수 있다는 것도 이야기했습니다. 그런데 1830년대, 존 스
튜어트 밀이 해리엇 밀을 만날 즈음 아버지가 결핵에 걸립니다.
병환으로 쇠약해지다가 육 년 뒤인 1836년에 결국 세상을 떠나요. 훌륭하고 위대한 아버지, 1830년대 초기까지 자신의 슈퍼에고로서 존경의 대상이었던 아버지가 황홀한 빛을 잃기 시작하더니 영영 자기 곁을 떠난 것입니다. 일부 사람들은 존 스튜어트 밀이 그와 같은 상황에서 아버지를 대신할 또 다른 슈퍼에고, 새로운 슈퍼에고를 필요로 하여 해리엇 밀을 그토록 숭상한 것이 아닌가, 라고 여기기도 합니다. 진실이 무엇이든 존 스튜어트 밀은 이십 대 후반부터 시작해서 세상을 떠날 때까지 사십 년 동안 해리엇을 태양처럼 받들었습니다. 지적이고 학문적인 모든 성과를 그녀의 공(功)으로 돌렸어요.

교육으로 사회를 바꿀 수 있다

해리엇이 존 스튜어트 밀에게 끼친 영향 중 가장 중요한 것은 '사회주의사상'입니다. 사회주의는 제가 지난 시간에도 잠깐 언급했지만, 우리가 흔히 말하는 공산주의와는 전혀 달라요. 존 스튜어트 밀은 특히 점진적 사회주의를 강조했습니다. 혁명이나 급진적인 어떤 사건을 통해서가 아니라 점진적인 제도개혁으로 이루어지는 사회주의를 역설했는데요. 존 스튜어트 밀은 특히 교육을 강조했습니다. 말하자면 교육에 의한 사회주의인데, 이를 '교육사회주의'라고 이야기할 수는 없습니다만 그는 사람을 변화시키는 교육의 힘, 인간의 지적인 발달을 믿었습니다. 하류층에 속하는 사람들이 보다 훌륭한 교육을 받아서 지성을 계발하고, 그에 따라 지적 수준이 높아지면 사회 전체가 좀 더 지성적으로 발달할 테니, 그런 기초적인 과정을 통해 얻은 기반 위에 선거권과 노동권을 보장받을 수 있도록 연대할 수 있는 조합을 결성하고, 이를 통해 궁극적으로 노동자들이 자율적이며 지적인 존재로 성장해가는 사회주의사상이 필요하다, 라는 입장이었습니다. 그는 빈익빈 부익부 같은 문제도 조화롭고 평화로운 방법으로 해결되기를 바랐습니다. 폭동이나 혁명 같은 거대한 파고에 휩쓸려 얻어내려 하지 말고 보다 근본적인 변화를 추구해야 한다고 생각했어요. 그는 인간의 노력에 의해서, 지적 노력에 의해서, 특히 교육에 의해서, 제도개혁에 의해서, 법 제도의 변혁을 통해서 이런 변화가 가능하다고 보았습니다.

영국에서는 존 스튜어트 밀이 죽고 난 뒤로 페이비언 협회(Fabian Society)*와 노동당이 등장합니다. 페이비언 협회는 영국

---

* 페이비언 협회는 1884년 1월 4일 런던에서 설립되었다. 자발적인 가난의 실천을 통해 사회를 바꾸어보자는 목표로 설립되었던 '신생활회'의 몇몇 회원이 따로 모여 만든 것으로 당시 영국에서 가장 유망한 지적 사회운동으로 발전했다. 당대 저명한 저술가와 학자인 조지 버나드 쇼, H.G. 웰즈, 시드니 웨브, 베아트리스 웨브 등이 멤버였다. 버트런드 러셀과 경제학자 존 케

의 지식인들이 주도한 점진적 사회주의 단체로 혁명적 방법보다는 계몽과 개혁을 통한 이념실천에 중점을 두었는데요. 이 협회의 활동과 사상이 곧 영국 노동당의 기초가 되었습니다. 영국 식민지의 독립, 특히 인도의 독립 등 정책에도 여러 가지 영향을 끼쳤고요. 페이비언 협회의 이상과 지향점은 노동당이 생겨나는 데 큰 역할을 했습니다. 그리고 영국에서는 제1차 세계대전이 끝난 뒤 1924년에 처음으로 노동당이 정권을 잡게 됩니다. 노동당 정부가 생긴 거예요.

영국 다트머스 거리에 있는 샌드위치 가게 옆에 〈페이비언협회〉 명판이 붙어 있다(2009).

인즈도 회원이었다. 페이비언협회는 자유무역에 반대했고 국제경쟁에서 이익을 보호하는 보호무역주의를 선호했으며, 토지의 국유화를 주장했다. 1900년 영국 노동당의 창립에 수많은 협회 회원이 참여했고 협회의 강령이 노동당 강령의 모태가 되었다.

영국의 전통적인 정당체계는 양당제입니다. 토리와 휘그, 이 두 개의 정당이 정국을 주도했습니다. 그런데 존 스튜어트 밀과 같은 철학적 진보주의자들은 이 같은 양당체제에 상당한 거부반응을 보였습니다.

토리나 휘그의 성격은 현재 미국에 있는 공화당과 민주당 정도와 비교할 수 있겠네요. 이 두 정당 사이엔 별로 그렇게 큰 정책적인 차이가 없잖아요? 우리나라의 보수당과 진보당 사이에 정책 차이가 거의 없는 것처럼 토리나 휘그도 이름만 다를 뿐 권력만 왔다 갔다 하는 식이었습니다. 어쩌면 사이좋게 권력을 나눠 먹었다고도 할 수 있어요. 그 정도로 본질이 비슷한 보수 세력이었습니다.

그런데 존 스튜어트 밀이 주장했던 영국의 진정한 진보는 의미가 좀 달랐습니다. 노동자들에 대한 선거권 확대, 여성해방, 특히 노동조합의 결성과 파업권의 인정 등등 보다 근본적인 변화를 몰고 올 주장들의 제도화를 목표로 삼았습니다. 그 과정에서 페이비언 협회가 등장하고, 노동당이 나오고, 노동조합이 생깁니다. 존 스튜어트 밀은 이런 새로운 사회변화의 중추 세력으로서 노동자를 인식하게 된 것은 전적으로 해리엇 밀 덕분이다, 라고 말합니다.

하지만 학자들의 생각은 조금 다릅니다. 존 스튜어트 밀의 주장은 해리엇 밀을 과대평가한 것이라는 게 중론입니다. 사실 존 스튜어트 밀의 이전 글들을 보면, 어린 시절부터 스승이었던 벤담이나 아버지 제임스 밀의 영향을 받았음을 눈치챌 수 있거든요. 예를 들어 존 스튜어트 밀이 십 대에 신문에 쓴 글을 읽어보면 그가 훗날 주장하는 사회주의사상의 징조나 사회주의에 대한 공감이 분명히 드러남을 알 수 있기 때문입니다. 그러니 이를 꼭 해리엇의 영향이라고 볼 필요가 있겠냐, 라고 의문을 제기하는 학자들도 여럿 있습니다. 그러나 해리엇 밀이라는 여성이 영국의 19세기 아리스토텔레스라고 불렸던 위대한 지성에게 영향을 끼친 것은 분명합니다.

여러분, 이미 짐작하시겠지만 이들 두 사람의 사랑은 이십여 년에 걸친 외롭고 힘든 나날의 총합이었습니다. 해리엇 밀의 경우에는 어쨌든 존 스튜어트 밀을 만나기 전까지는 남편에 대한 회의를 가져본 적이 없었습니다. 그러니 본인에게도 존 스튜어트 밀과의 사랑은 엄청난 충격파였을 것입니다. 그녀는 또한 끝까지 전 남편이었던 테일러 씨에 대한 존경심을 버리지 않았습니다. 남편이 임종을 맞을 때 직접 간호했을 정도지요. 게다가 별거 기간 이십 년 동안 두 아들은 남편하고 함께 살았으니 어머니로서 상처도 깊었을 것입니다. 설상가상으로 해리엇 밀은 마음이 약했고 몸도 약했습니다. 아비뇽을 중심으로 남프랑

163

스를 자주 여행했던 것도 그런 이유가 컸습니다. 그리고 결국 두 사람은 차례로 아비뇽에 묻힙니다.

흥미로운 점은 존 스튜어트 밀의 묘지는 평범한데 아내 해리엇 테일러 밀의 묘지에는 그녀를 찬양하는 장문의 비문(碑文)이 쓰여 있다는 점입니다. 원래 서양 사람들은 비문을 그렇게 안 쓴다는 점을 고려해보면 참 이례적입니다. 이를테면 존 스튜어트 밀 자신의 비문은 보통 사람들이 그러하듯 이름하고 생몰 연대만 썼습니다. 그런데 아내의 비문은 구구절절한 찬양 일색이에요. 제가 여러분에게 보여드리려고 그 비문을 적어왔습니다.

> 그녀의 위대하고 사랑스러운 정신, 고귀한 영혼, 명쾌하고 힘차고 독창적이며 해박한 지식은, 세상의 길잡이와 버팀목이 되었고 지혜의 스승이 되었으며 자비의 귀감이 되었도다. 이 시대의 진보에서 그녀의 영향력을 느낄 수 있고 이는 앞으로도 영원히 계속될 것이다. 그녀처럼 위대한 정신과 지성을 겸비한 인물이 몇 명 더 있었다면 우리가 원하는 세상이 곧 올 것인데.

자기 아내를 이렇게 예찬하는 것을 우리 정서에서는 어떻게 받아들일지 모르겠습니다만, 저는 이 묘비명이 진실이라고 생각합니다. 그만큼 존 스튜어트 밀은 해리엇을 사랑했고, 이런 묘비명을 남길 정도로 그의 사랑이 지고지순했던 것이지요.

꽝

공리주의의 한계를 극복하다

저술활동에 매진한 존 스튜어트 밀

존 스튜어트 밀이 쓴 자서전의 마지막 장이 7장입니다. '내 생애 마지막의 개관'이라는 제목이 붙어 있어요. 앞에서 잠깐 말씀드렸지만, 존 스튜어트 밀의 자서전은 총 일곱 개의 장으로 이루어졌습니다. 그중 마지막인 이 7장은 존 스튜어트 밀 생애의 후반부 이야기입니다. 육십칠 년 인생 중 1840년대부터 시작해서 1873년 세상을 떠날 때까지의 약 삼십삼 년간의 세월을 담고 있어요. 생의 전반기인 1840년 이전의 삶에 대해서는 여섯 개의 장에 걸쳐 상세하게 다루다가 별안간 나머지 삼십여 년을 단 한 장으로 마무리하는 걸 보고 독자들은 '어? 왜 이러지? 균형이 맞질 않네.'라고 의아하게 생각할지도 모릅니다. 제 생각엔 존 스튜어트 밀이 후반부 삼십여 년엔 특별한 변화 없이 주로 저술활동에 전념했고, 마지막에 삼 년 정도 국회의원을 한 게 전부였기에 짧게 다룬 것 같습니다. 그러나 우리는 이번 장과 앞으로 두 장에 이어 존 스튜어트 밀의 후반기를 함께 살필 것입니다.

지난 시간에 존 스튜어트 밀이 해리엇과 사귀게 되면서 사회주의에 더 깊은 관심을 두게 되었다는 것을 말씀드렸습니다. 이후 맞이한 1840년대를 그는 '내 생애의 성숙기'라고 이야기합니다. 1840년이면 존 스튜어트 밀이 서른네 살이었을 때인데요. 그는 이때부터 본격적으로 저술활동을 시작했습니다.

존 스튜어트 밀은 저작을 많이 남겼는데 그중 가장 방대한 것으로 토론토대학에서 나온 33권짜리 전집이 있습니다. 서간문의 양도 엄청났는데 대부분 제2차 세계대전 때 폭격으로 소실되었지요. 그것까지 다 보존되었더라면 거의 50~60권에 이르는 전집을 남겼을 것입니다. 하지만 그 글들에 대해 다 이야기할 수는 없습니다. 재미도 별로 없어요. 솔직히 말씀드리면 존 스튜어트 밀이 쓴 책 중에 지금까지 널리 읽히는 저작은 몇 권 되지 않는데, 그중 하나가 『자유론』(1859)입니다. 존 스튜어트 밀 자신도 "이 책은 영원히 남을 것이다."라고 말했을 만큼 본인 스스로 굉장히 자부심을 가졌던 저작입니다. 글을 쓰는 사람의 입장에서는 자신이 죽고 난 뒤에 내 글을 읽어주는 사람이 있기를 바라는 마음이 있습니다. 자신의 글이 생명력을 갖길 바라는 것은 모든 저자들의 소망이지요. 저도 그렇습니다만, 존 스튜어트 밀도 그런 희망을 가지고 글을 썼을 겁니다.

『자유론』 다음으로 많이 읽혔던 책은 『공리주의Utilitarianism』(1861) 『여성의 종속(예속)The Subjection of Women』(1869) 정도입니다. 그 밖의 글들은 현대 사회에 와서 거의 생명력을 잃었다고 봅니다.

존 스튜어트 밀이 삼십 대 후반에 쓴 책 중 가장 주목할 만한 것은 1843년에 발표한 『논리학 체계A System of Logic』입니다. 다루는 내용이 굉장히 방대한 책으로 논리학에 대해 그 당시까지의 지적 수준을 집대성했다고 평가되었지만, 지금은 이렇다 할 자료로 남아 있는 게 없습니다. 『논리학 체계』는 귀납법, 연역법, 삼단논법 등 논리체계를 다루는 것으로 베이컨이 이룩한 귀납법의 논리를 완성했다고 평가받습니다. 존 스튜어트 밀은 논리학을 진보가 빠르고 가장 정확한 지식을 얻을 수 있는 자연과학연구의 방법론이라고 주장했는데요, 『논리학 체계』가 그 당시 매우 획기적인 저술이라고 평가되었던 것 역시 이런 주장을 단단하게 담아냈기 때문입니다. 그러나 우리나라에는 번역되어 있지 않고, 요즘엔 영국이나 미국에서도 그다지 학문적인 가치를 인정하지 않습니다.

그다음으로 쓴 책은 1848년에 발표한 『정치경제학원리 *Principles of Political Economy*』입니다. 역시 엄청나게 방대해요. 다행스럽게도 이 책은 우리나라에서도 최근 번역판이 나왔습니다. 이 책은 존 스튜어트 밀이 생존해 있을 당시 영국의 거의 모든 대학에서 교과서로 사용했을 정도로 유명한 책이었습니다. 그런데 어째서 제목이 '정치경제학원리'일까요? '정치학원리'라거나 '경제학원리'가 아니고 말이에요. 사실 우리나라에도 예전에는 '정치경제학'이라는 학문이 있었습니다. 아마 여러분의 조부모나 큰어머니 큰아버지 세대에게 여쭤보면 잘 아실 겁니다. 지금은 정치경제학이란 용어는 거의 쓰지 않지만, 정치학과 경제학이란 말은 정치경제학에서 나온 것입니다. 존 스튜어트 밀 같은 사람들이 돌아가시고 난 뒤인 19세기 말쯤부터 이런 말들을 쓰게 되었지요. 즉 1890년대쯤 경제학이 개별 학문으로 독립하면서 서로 분리된 것입니다.

우리나라도 한때는 대학에 사회과학대학이 있었습니다. 주로 정치학과, 경제학과, 사회학과가 하나의 몸체 안에 묶여 있었어요. 예컨대 애덤 스미스(Adam Smith, 1723~1790)의 『국부론 *The Wealth of Nations*』(1776)을 우리는 지금 경제학의 고전이라고 이야기합니다만, 18~19세기 수준으로 보자면 정치경제학의 범주에 들어가는 책이었습니다. 그만큼 당시에는 정치학, 경제학, 사회학, 사회복지학 이런 것들이 하나로 융합되어 있었지요. 저는 19세기 말~20세기 초엽에 학문이 다양한 영역으로 분화되고 전문화가 강화된 데에는 장점도 있지만 단점도 있다고 생각합니다. 장점은 세분화와 더불어 전문적인 연구가 깊어졌다는 점이고, 단점으로는 사회문제를 전체적인 시각에서 관찰하고 바라보고 분석할 수 있는 능력이 좀 떨어지지 않았나 하는 점입니다. 생각해보세요. 사실 정치, 경제, 사회는 서로 떨어져서 독립적으로 존재할 수 있는 분야가 아닙니다. 정치학을 모르는 경제학, 경제학을 모르는 정치학, 사회학을 모르는 정치학……이런 것이 가능할까요? 그런 면에서 저는 개별 나무 특징을 알아가는 능력은 심화되었지만 숲이라는 생태계를 아우르는 능력은 좀 떨어졌다고 생각합니다. 어쨌든 존 스튜어트 밀이『정치경제학원리』를 썼던 시절까지의 사회과학은 하나의 통합학문이었습니다.

『정치경제학원리』의 진짜 미덕은 무엇일까?

이런 정보를 가지고『정치경제학원리』를 살펴봅시다. 이 책에는 요즘 우리가 말하는 경제학의 원리가 나옵니다. 가령 제품을 어떻게 생산해서 어떻게 분배하고 또 어떻게 교환할 것인가를 다룹니다. 그래서 『정치경제학원리』의 1부는 '생산론'입니다. 그다음에 '분배론' '교환론'이 나오고 '정부가 경제와 사회에 미치는 영향'이 나와요. 사실 19세기 후반에 존 스튜어트 밀이 추구했던 정치경제학의 학문적 수준은 현재 학문으로서의 경제학이나 정치학에서 볼 때 그다지 높지 않습니다. 존 스튜어트 밀의 대표적 저서임도 분명하고, 당시 대학 교재로 사용되었을 만큼 유명한 책이었지만 말이에요.

대학에 들어가서 배우는 『경제학원론』같은 교과서에 보면 '임금기금설을 주창한 사람이 존 스튜어트 밀이다.'라는 내용이 한두 줄 언급되기도 합니다만, 지금 이 이론은 골동품입니다. 내용의 핵심은 노동자의 임금을 사회적인 합의하에 일종의 기금으로 모아두었다가 이를 나누어주자고 하는 것인데요. 사실 이런 내용은 요즘으로선 상상조차 불가능합니다.

경제학이 현대의 주류 경제학과 가까운 모습으로 정착한 것은 '한계효용학파*'가 등장한 뒤부터입니다. 한계효용학파 이

---

* 소비자가 재(재화, 물질적인 수단)를 소비할 때 얻는 주관적인 욕망 충족의 정도를 효용이라 하고, 재의 소비량이 변화할 때 늘어나는 단위에 따른 효용성을 한계효용이라 한다. 일반적으로 어떤 재의 소비량이 증가함에 따라 필요도는 점차 작아지므로 한계효용은 감소하는 경향이 있다(한계효용 체감의 법칙). 한편 소비자가 주어진 소득으로 최대의 효용을 얻도록 합리적으로 소비한다면, 각 재의 한계효용은 균등하게 되는데 이를 한계효용 균등의 법칙이라고 한다.

전의 경제학에는 수학이 제한적으로 사용되었고 많은 부분이 말로 설명되었어요. 한계효용학파에 따르면, 합리적인 경제주체는 한계효용이 한계비용과 같아지는 지점을 선택한다고 해요. 이 원리는 현대에 와서도 다수의 경제 모형에서 발견할 수 있습니다. 그리고 이 시대에 와서 비로소 경제학이 대학 안에 독립된 학과로 개설*되지요.

그런데 『정치경제학원리』에서 우리가 주목해야 할 사실이 하나 있습니다. 이전에 나온 다른 경제학 서적이나 정치학 도서와 달리 이 책은 사회주의적 관점, 특히 노동자들이 노동조합을 만들고 파업을 통해서 자신들의 주장을 관철해야 한다는 근대 노동자 계층의 숙명과 희망을 표현한 거의 유일한 경제학 교과서였다는 점입니다. 이 점이야말로 『정치경제학원리』의 진짜 미덕입니다.

같은 해인 1848년, 카를 마르크스(Karl Marx, 1818~1883)와 프리드리히 엥겔스(Friedrich Engels, 1820~1895)는 공동으로 집필한 『공산당 선언Manifest der Kommunistischen Partei』을 2월 프랑스 혁명 직전에 발표합니다. 지금도 어떤 사람들은 '존 스튜어트 밀의 『정치경제학원리』는 자본주의의 바이블이고, 『공산당

---

* 알프레드 마셜이 1903년에 케임브리지 대학에 경제학과를 개설한 것이 최초이다.

선언』은 사회주의·공산주의의 원리'라고 하면서 두 책을 비교하곤 합니다. 카를 마르크스는 1848년에 공산당 선언을 발표한 뒤 1849년에 런던으로 옵니다. 독일 트리어에서 태어나 파리로 브뤼셀로 망명생활을 이어가다가 마지막 거처인 런던에서 죽습니다. 그 기간이 1849년부터 1883년까지죠. 존 스튜어트 밀은 런던 북부에서, 그리고 카를 마르크스는 시내에 가까운 소호라는 쪽에 살았는데요. 이 킬로미터 정도를 사이에 두고 두 명의 거장이 살고 있었던 셈입니다. 그때는 경제학자라고 해봤자 몇 사람 안 되었으니, 서로 다른 이념을 가진 것처럼 보였던 존 스튜어트 밀과 카를 마르크스가 지척에 살았다는 것은 참 상징적입니다.

그 당시 마르크스는 가난한 망명객에 불과했는데요. 일필휘지(一筆揮之)로 이름이 자자했던 카를 마르크스는 펜으로 사람을 무너뜨릴 수도 있을 만큼 날카롭고 비판적인 글을 썼습니다. 그의 친구이자 후원자였던 프리드리히 엥겔스도 마르크스와 의견을 같이하여 "영국 경제학자 중에 유일하게 존경할 만한 사람은 존 스튜어트 밀뿐이다."라고 공공연하게 말했습니다. 그러면서 영국의 다른 경제학자들, 예컨대 애덤 스미스나 리카도 같은 사람을 속물이라고 욕했습니다. 마르크스의 비판에 남아나는 사람이 없을 정도였어요. 그 와중에 단 한 사람, 존 스튜어트 밀만 우호적인 평가를 받은 것입니다.

  존 스튜어트 밀이 그 당시 『공산당 선언』을 읽었다는 기록은 없습니다. 만일 그가 『공산당 선언』을 읽었다면 '이건 너무 심하지!'라고 했을지도 모르겠습니다만, 마르크스는 존 스튜어트 밀을 높이 평가했습니다. 여러 가지 이유가 있겠지만 저의 짐작으로는 당시 영국 경제학자나 정치학자들 중에서 유일하게 존 스튜어트 밀만 노동자들의 권리를 옹호하고 노동조합의 필요성을 역설했기 때문이 아닐까 합니다. 카를 마르크스와 존 스튜어트 밀은 노동문제를 바라보는 관점은 달랐지만, 당대 직면한 여러 문제 중 노동문제가 가장 심각하다는 점에 대해서는 철저히 공감했습니다.

영국의 노동환경과 존 스튜어트 밀

잠깐 영국의 노동운동에 대해서 간단하게 말씀드리고 싶습니다. 영국에서도 19세기가 되기 전까지는 노동조합을 불법단체·불온단체로 여겼습니다. 우리나라도 얼마 전까지는 노동조합 이야기만 꺼내도 금세 '빨갱이' 운운했잖아요? 영국의 상황도 비슷했습니다. 그래서 1790년대 말까지, 즉 19세기가 시작되기 전까지 영국에서는 노동조합 결성을 철저히 금지했습니다. 그러다가 나폴레옹 전쟁이 끝난 1815년부터 전 유럽에 개혁의 바람이 불면서 노동조합을 요구하는 노동자들의 요구가 빗발치기 시작합니다. 노동자의 권리와 조합을 위한 투쟁도 격렬해졌는데, 앞에서 본 피털루 학살도 그중 하나의 예입니다. 그야말로 노동자들의 피와 땀과 눈물로 얼룩진 오랜 역사가 1820년대에 비로소 '노동조합은 만들어도 좋아.'라는 정도의 노동조합 합법화를 이끌어냅니다. 그런데 '단결권'*으로 인정받아서 노동조합을 만드는 것만으로는 사실상 큰 의미가 없어요. 노동조합이 자신의 주장을 관철할 수 있는 유일한 투쟁 방법은 '파업'입니다.

파업은 영국에서도 1870년대 전까지는 금지되었어요. 1870년대 초에 와서야 겨우 '그래, 파업은 인정할게. 그러나 파업 수단은 안 돼.' 하는 분위기가 조성됩니다. 무슨 뜻일까요? 이 말은 곧 식물적인 파업만 인정하겠다, 는 것입니다. '싯다운 스트라이크'라는 파업의 제일 기초적인 행위처럼 공장에 그냥 앉아

---

* 　노동자의 인간다운 생활을 보장하기 위해 헌법에서 정한 노동삼권(勞動三權)인 단결권, 단체교섭권, 단체행동권 중 하나. 단결권(團結權)은 노동조건의 향상을 위해 노동자와 그 소속단체에 부여된 단결의 조직 및 활동을 중심으로 단결체에 가입할 수 있고 단결체의 존립을 보호하기 위한 행동을 보호받는 헌법상의 권리. 노동자가 노동조합을 조직할 수 있는 권리, 그가 원하는 기존 노동조합에 가입할 수 있는 권리가 노동자 개인이 누리는 단결권의 내용이다(헌법 제33조 제1항).

대형 주물공장에서 일하는 노동자들(1890년경).

서 일을 그만두는 것, 일에서 손 놓는 것만 허용하겠다, 는 뜻이지요. 그 밖에 거리에서 피케팅을 한다거나 피켓을 들고 시위를 한다거나 공장 문을 닫는다거나 데모를 한다거나 하는 등 파업에 관련된 모든 수단은 불법이라는 뜻입니다. 그러니까, 그 뜻은 곧 '일하기 싫으면 그냥 앉아 죽어라.'는 이야기입니다.

이처럼 여러모로 파업을 불법으로 치부하는 역사가 대단히 길게 이루어지다가 19세기 후반에서야 법적 권리로 인정받게 된 것입니다. 즉 파업을 해도 형사책임을 추궁당하지 않게 되었고(범죄라는 이유로 잡아가지 않았고), 파업했으니 계약위반이라며 민사손해배상책임을 물리는 일도 더는 당하지 않게 된 것입니다. 이런 분위기가 1870년대 와서야 겨우 허용되었는데, 실제로 민사배상이 금지된 것은 1910년대인 20세기 초입니다. 그런데 우리나라에서는 얼마 전까지만 해도 파업하면 곧잘 잡혀갔죠. 파업을 했다가 몇억 대의 민사손해배상 재판에 걸려서 노동자들이 여러 가지로 어려움을 겪는 경우가 지금도 비일비재합니다.

영국의 경우엔 19세기부터 20세기 초까지 약 백여 년 이상 노동자들의 참혹한 권리 투쟁이 있었습니다. 노동조합의 권리와 파업의 권리를 확보하고자 엄청난 투쟁을 계속했는데요. 정치적인 입장에서나 경제적인 입장에서 노동자들의 투쟁을 반대했던 사람들 때문에 노동자들은 권리를 보장받지 못하는 상황에서 손해배상 재판을 받아야 하는 아이러니한 일들을 당합니다. 열악한 저임금 환경에 처한 터에 민사배상까지 책임져야 하면, 파업 한 번 했다는 이유로 영원한 빈민으로 전락해야 한다면, 어디 숨 한 번 제대로 쉬면서 살 수 있겠습니까? 바로 이런 상황이 19세기~20세기 초엽의 영국에서 비일비재하게 벌어진 일입니다. 이런 상황에서 노동의 문제를 학문적으로 철저히 고찰하고 인정해야 한다고 주장한 최초의 사람이 바로 존 스튜어트 밀입니다. 그는 일찌감치 "노동자들을 탄압해서는 안 된다. 노동조합의 단결권은 물론이거니와 단체교섭권, 그리고 단체행동권으로서의 파업의 권리도 인정해야 된다."라고 주장했습니다. 우리가 반드시 기억해야 할 부분이죠.

오귀스트 콩트와 존 스튜어트 밀

존 스튜어트 밀이 『정치경제학원리』를 쓰고 난 뒤인 사십 대 중반 이후로 그는 프랑스 학문의 영향을 받게 됩니다. 그에게 특히 영향을 많이 끼친 사람이 두어 명 있는데요, 먼저 우리가 흔히 교과 시간에 '사회학의 아버지'로 배우는 오귀스트 콩트 (Isidore Marie Auguste François Xavier Comte, 1798~1857)가 있습니다. 앞에서 제가 정치학, 경제학이 정치경제학에서 분리되었다고 말씀드렸는데, 사회학이라는 학문도 원래는 정치경제학에 포함되었던 학문입니다. 그랬던 것이 19세기에 와서 오귀스트 콩트에 의해 독립된 분야로 개척되지요. 이후 19세기 말 드레퓌스 사건(Dreyfus Affair)*을 겪으면서 사회학은 에밀 뒤르켐(Emile

---

* 1894년 10월 참모본부에 근무하던 포병대위 A.드레퓌스가 독일대사관에 군사정보를 팔았다는 혐의로 체포되어 비공개 군법회의에 의해 종신유형의 판결을 받았다. 필적이 드레퓌스와 비슷하다는 것 외에 별다른 증거가 없었으나 그가 유대인이라는 점이 혐의를 짙게 했다. 그 후 군부에서 진범이 드레퓌스가 아닌 다른 사람이라는 확증을 얻었는데도 수뇌부는 진상 발표를 거부하고 사건을 은폐했다. 드레퓌스의 재심(再審)을 요구하던 가족은 진상을 탐지하여 1897년 11월 진범인 헝가리 태생의 에스테라지 소령을 고발했지만, 군부는 형식적인 심문과 재판을 거쳐 그를 무죄 석방하였다. 그러나 재판 결과가 발표된 직후 소설가인 에밀 졸라가 공개한 '나는

Durkheim, 1858~1917)이라는 프랑스 학자와 독일의 막스 베버 (Max Weber, 1864~1920)에 의해서 발전을 거듭합니다. 그러다가 20세기에 와서 다루는 영역이 세분화합니다.

오귀스트 콩트는 존 스튜어트 밀하고 비슷한 젊은 시절을 겪었습니다. 그는 나폴레옹 시대에 만들어진 일종의 사범대학인 에콜 폴리테크(École polytechnique) 출신입니다. 세계적으로 유명한 프랑스의 철학자인 장 폴 사르트르도 사범학교인 에콜 노르말 출신이죠. '에콜'이란 우리말로 '학교'라는 뜻입니다. 콩트가 다닌 곳은 공과대학이었는데요, 그만 교수와 싸움을 벌였다가 대학에서 쫓겨납니다. 그때만 해도 학생과 교수 사이엔 엄격한 위계질서가 있었거든요. 이 일로 그는 하는 수없이 이런저런 문필작업으로 푼돈을 벌면서 가난하게 살아갔습니다.

지금 우리 사회도 그렇습니다만 그 당시 프랑스엔 학력병, 특히 일류 대학병이 심했습니다. 일류대학을 나와야만 학자가 된다거나 학문 활동을 할 수 있었지요. 이래저래 콩트의 앞날은 참담했습니다. 그런데 그를 주시하는 사람이 있었습니다. 바

고발한다(J'Accuse)'라는 제목의 논설로 사건은 재연되었고, 졸라는 드레퓌스에게 유죄판결을 내린 군부의 의혹을 신랄하게 공박하는 논설을 공개적으로 발표했다. 1899년 9월에 열린 재심 군법회의는 드레퓌스에게 재차 유죄를 선고하였으나, 대통령의 특사로 석방되었다. 무죄 확인을 위한 법정 투쟁을 계속한 끝에 그는 1906년 최고재판소로부터 무죄판결을 받고 복직 후 승진도 하였다. 자유주의적 재심파의 승리로 끝난 이 사건은 프랑스 공화정의 기반을 다지고, 좌파 세력의 결속을 촉진하는 계기가 되었다.(두산백과)

로 존 스튜어트 밀입니다. 그는 '이 사람 참 대단하다.'고 생각하면서 앞길이 꽉 막힌 콩트를 유심히 살피던 터였습니다.

잠시 사회학이라는 이름이 어떻게 생겼는지 알아봅시다. 오귀스트 콩트는 어떤 사회현상이든 실제로 증명되어야 한다, 즉 과학적으로 규명되어야 한다, 라고 주장했습니다. 콩트는 그래서 자신의 연구에 '사회물리학'이라는 이름을 붙입니다. 그랬던 것이 여기서 '물리' 자가 빠지면서 사회학이 된 거예요. 오귀스트 콩트가 사회학을 창시한 사람이라고 이야기하는 배경입니다. 지금 우리가 말하는 사회학은 잠깐 말씀드렸던 뒤르켐이나 막스 베버에 의해서 조금씩 변화되긴 했습니다만, 그 시조는 오귀스트 콩트이고, 그의 진가를 처음 알아본 사람이 존 스튜어트 밀이다, 라는 것이지요.

그런데 상황이 조금 우습습니다. 영국의 아리스토텔레스라고 불리는 존 스튜어트 밀이 '너네 프랑스에 오귀스트 콩트 있잖아? 아무래도 그 사람이 천재인 거 같아.' 이렇게 운을 떼니 프랑스 사람들도 '이런, 우리가 몰라봤나 봐.' 하면서 영국을 통해 프랑스로 역수입했고, 이로써 오귀스트 콩트의 가치를 재인식하게 됩니다. 사실 콩트는 존 스튜어트 밀이 한때 프랑스에 머물면서 영향을 받았던 생시몽의 제자였습니다. 당연히 그의 사상엔 사회주의적인 분위기가 기본적으로 깔려 있었겠지요?

오귀스트 콩트의 사상은 자유주의자라고 단정하기에는 조금 거리가 있습니다. 반면 존 스튜어트 밀에게는 '자유'라는 개념이 무엇보다도 중요한 핵심적인 개념입니다. 그는 특히 공리주의를 극복하고 공리주의를 비판하며, 공리주의의 한계를 넘어서는 차원에서의 자유와 자율, 자주를 강조했습니다. 그리고 이런 기본 개념을 갖춘 독립적인 인간, 혼자 설 수 있는 지적인 인간이 우리 사회에 필요한데 이들의 육성은 교육에 의해서 가능하다고 주장했어요. 존 스튜어트 밀은 이런 점에서 공리주의의 한계를 넘어선다고 할 수 있습니다. 이에 덧붙여 오귀스트 콩트의 사회학에서 받은 영향을 자기 나름대로 소화해내면서 존 스튜어트 밀의 학문은 서서히 성숙기에 접어들었는데요. 특히 존 스튜어트 밀은 사회변혁에 있어서 인간의 주체적 노력, 특히 교육을 대단히 중요하게 생각했습니다.

지성을 훈련하려면

존 스튜어트 밀은 칼 마르크스가 말한 '계급투쟁에 의한 권력구조 변화'를 믿지 않았습니다. 그는 우리 사회의 가장 아래층을 형성하는 사람들에게 필요한 것은 지성을 훈련하는 교육이라고 생각했습니다. 그들은 여러 가지 이유로 교육을 제대로 받지 못했고 그 때문에 과격하게 자기주장을 하거나 종종 폭력화하는 것인데, 이것은 적당한 방법이 아니라고 본 것입니다. 남자 여자 어린아이 등 남녀노소를 불문하고 공평하게 교육을 받아야 한다고 강조한 것인데요. 이런 생각엔 해리엇 밀의 영향이 컸습니다. 그리고 자유라는 개념이야말로 교육을 통한 사회변혁의 기본이자 핵심이라고 확신했습니다.

존 스튜어트 밀이 교육의 힘을 강조한 것은 본인의 경험 때문이 아닐까요? 그는 어려서부터 교육의 혜택을 톡톡히 본 사람입니다. 첫 시간에 이야기했던 것처럼 그는 천재나 영재로 태어나서 젖을 떼자마자 시를 외웠다거나 작곡을 했다거나 그런 부류는 아니었습니다. 아버지 제임스 밀도 자기 아들을 천재라고 생각하지 않았습니다. 다만 본인의 신념에 따라 아이를 교육해야겠다고 결심했을 뿐입니다. 그 신념이란 바로 '모든 인간은 백지다.' '모든 인간은 출신이 어떻든, 환경이 어떻든, 태어날 때 백지상태에 있다. 그 백지에 그림을 그리는 사람이 얼마나 진지하게, 얼마나 효율적으로, 얼마나 공리적으로 그림을 그리냐에 따라서 백지가 완성된다.'고 생각했습니다. 소위 '백지설' 이라는 학설입니다. 제임스 밀과 존 스튜어트 밀이 교육을 강조하고 믿은 배경입니다.

요즘에는 이 백지설에 대한 비판이 있습니다. 타고난 소양이나 자질, 즉 생래적인 요소들을 간과할 수 없다는 입장인데요. 예를 들어 조상이 훌륭하면 후손도 훌륭하고, 조상이 머리가 좋으면 후손도 머리가 좋을 가능성이 높다는 이론이죠. 이른바 유전의 중요성을 강조하는 것입니다. 이 백지설을 백 퍼센트 신뢰할 수 있느냐 없느냐 하는 점엔 다른 의견이 있을 수 있지만, '교육이 사회변혁을 촉구할 수 있다.' '교육과 같은 인간의 노력과 지적인 계발에 의해서 어떤 변화가 가능하다.'라고 믿은 점은 존 스튜어트 밀을 위시한 공리주의자들의 공통된 입장입니다.

그런데 존 스튜어트 밀에게는 제레미 벤담이나 제임스 밀과 다른 점이 있습니다. 존 스튜어트 밀은 그가 강조했던 교육이 강압적이거나 주입식으로 행해져서는 절대 안 되고 가장 자유로운 방식으로 이루어져야 한다고 강조했습니다. 존 스튜어트 밀의 사상이 전통적인 의미의 공리주의로서는 해설이 잘 안되는 배경입니다. 사실 자유에 무슨 공리성이 있겠어요? 자유에 무슨 이득이 있습니까? 그렇죠? 공리주의는 대단히 실리적인 사상이잖아요. 어찌 보면 대단히 이기적인 이론이라고도 할 수 있습니다. 나에게 이익이 없으면, 내가 보기에 현실적으로 눈에 딱 드러나는 어떤 실리적인 게 없으면 무의미하다, 라고 주장하는 게 공리주의인데, 자유나 자율, 자주성이나 주체성 같은 개념들은 눈에 딱 보이는 실리를 안겨주지는 않잖아요?

자유란 그 당시 사람들에게는 더 지적이고 감성적인 차원의 새로운 가치였습니다. 바로 이런 이유에서 존 스튜어트 밀은 공리주의의 한계를 벗어나는 작업을 했다고 평가되는 것이고, 개인적으로는 『정치경제학원리』를 거쳐 서서히 사상의 종착역을 향해 나아가는 과정이라고 볼 수 있습니다. 그 종착역은 그의 역작인 『자유론』으로 나타납니다.

담강

자유는 다양성이다

자유란 개성이고 다양성이다

여러분, 『자유론On Liberty』이란 책 이름을 들어보셨지요? 존 스튜어트 밀 하면 자동으로 『자유론』을 떠올릴 정도로 이 책은 그의 대표작이 되었습니다. 책이 나온 것은 19세기 중반 1859년인데, 처음에는 그다지 환영받지 못했습니다. 지금은 『자유론』을 존 스튜어트 밀의 둘도 없는 명저이자 대표적인 작품으로 이야기하지만요. 사실 저도 개인적으로 『자유론』을 좋아했다가 싫어했다가, 싫어했다가 좋아했다가, 여러 번 그런 애증의 과정을 겪었습니다. 집어 던졌다가 다시 찾았다가 그러면서 이제 최근 한 십여 년간 더는 쓰레기통에 집어 던지지 않고 보존하는 책, 현재 소장하고 있는 책 중에서 가장 소중하게 생각하고 있는 책 중의 하나가 바로 『자유론』입니다. 이번 시간에는 그 이야기를 들려드릴게요.

저는 이번 강의의 첫 번째 소제목을 '자유는 다양성이다'라고 붙였습니다. 우리나라에서는 '자유'라고 할 때 '다양성'을 상기하는 경우가 흔하지 않은 듯합니다. 제가 이 책을 우리나라에 꼭 필요한 책이라고 생각하는 이유 중 하나이기도 한데요, 다양성이라는 게 무엇일까요?

혹시 인터넷에서 제 얼굴을 보신 분이 있을지 모르겠지만, 저는 수염을 기릅니다. 수염을 기른다는 표현이 조금 어색한데, 솔직히 말하면 면도를 하지 않는 것입니다. 한 달에 한두 번 정도 '바리깡'이라고 흔히 부르는 머리 깎는 기계로 집에서 한 번씩 밀어버리는 게 전부입니다. 저의 경우엔 수염이 좀 일찍 나기 시작했어요. 학교 다닐 때도 수염 때문에 욕을 많이 먹었습니다. 고등학교 다닐 때는 면도를 하루 안 했다는 이유로 훈육 주임한테 두들겨 맞기도 했어요. 어린 마음에 대단히 상처가 되었습니다. 무슨 큰 잘못을 저지른 것도 아닌데, 왜 이런 일로 사람을 때리는지 억울하고 속상했습니다. 군대에서 훈련받을 때도 그랬지요. 대학에서 학생들을 가르치게 되어 이제 좀 자유롭겠구나, 라고 생각했는데 여기서도 마찬가지였습니다. 하루만 면도를 안 해도 부모님부터 시작해서 선배들과 학생들까지 "교수님, 왜 면도를 안 하셨어요?" "무슨 일 있으세요?" "실의에 빠졌습니까?" "누가 돌아가셨습니까?" 이런 식으로 자꾸 묻는 겁니다. 저희 아버님은 돌아가실 때까지도 저에게 "제발 면도 좀 잘하고 다녀라."라고 잔소리를 하셨습니다. 그때마다 저는 "아버지, 아버지가 좋아하시는 공자께서 신체발부 수지부모라고 하셨잖아요?" 하고 삐딱하게 대꾸하곤 했습니다.

1950~1960년대까지만 해도 시골에 가면 면도를 안 하신 분들이 많았습니다. 옛날 우리 왕이나 백성도 그랬고요. 한국 사회에서 거의 모든 사람이 면도를 하게 된 것은 일제강점기부터예요. 저는 일제 잔재 중에서 제일 심한 부분이 면도라고 생각합니다. 건강부회랍시고 한 가지 이야기만 더 붙인다면 면도든 헤어스타일이든 복장이든 내가 좋은 대로 내가 하고 싶은 대로 하면 되는 것 아닌가 생각합니다. 내 얼굴이나 내 용모나 내 복장이나 이 모든 게 나의 표현이잖아요? 나 자신을 표현하는 행위이고, 또 그런 외형은 물론이거니와 나의 내면, 즉 내가 어떤 생각을 하든 내가 무엇을 좋아하든 싫어하든, 내가 사회주의를 꿈꾸든, 내가 어떤 또 다른 사회를 꿈꾸든, 나의 내면의 어떤 사고나 사상은 남에게 피해를 주지 않는 한 자유롭게 생각하고 상상하고 그럴 수 있어야 합니다. 참 우스운 이야기이지만 저는 면도를 통해서 어린 시절부터 이렇게 감을 잡은 것 같습니다.

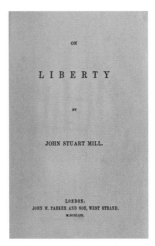

그런데 이 감을 이론적으로나 학문적으로 옳다고 확신할 수 있도록 해준 사람이 존 스튜어트 밀입니다. 물론 존 스튜어트 밀은 면도에 대해서 한마디도 하지 않았지요. 그는 『자유론』에서 "자유란 개성이고 다양성이다."라고 이야기했습니다. 우리 사회에는 아직 자유에 대해 이렇게 이야기하는 사람이 없습니다. 도리어 존 스튜어트 밀이 말한 다양성, 다면성, 개성 이런 것과 가장 대조되는 말인 획일성, 기계성, 평균…… 이런 말들이 넘치지요. 저는 우리 사회만큼 획일적인 사회가 없다고 생각합니다. 예전보다 유연해졌다고는 하지만, 여전히 갈 길이 멀어 보입니다. 내면으로든 외면으로든 과거보다 자신의 개성을 더 많이 표출하고 있지만, 사고의 획일성은 여전하니까요.

인권의 핵심은 사상의 자유

존 스튜어트 밀이 『자유론』에서 말하는 다양성의 핵심이 되는 자유의 영역은 바로 '사상의 자유'입니다. 여러분, 우리나라 헌법에는 자유를 규정하고 있는 부분이 있어요. 2장인 〈국민의 기본적 권리와 의무〉에서 그 내용을 규정하고 있는데, 여기에 사상의 자유가 명시되지 않았습니다. 아마 이 세상 민주주의 국가 헌법 중에서 사상의 자유를 명시하지 않은 나라가 또 있는지 잘 모르겠습니다. 모든 헌법의 핵심인 기본권, 인권의 핵심은 사상의 자유입니다. 모든 자유는 생각의 자유에서 출발하니까요.

우리나라 제헌 헌법보다 훨씬 전에 만들어진 많은 헌법, 이를테면 18세기에 만들어진 영국 헌법, 프랑스 인권선언, 그리고 수많은 나라의 헌법에 이르기까지 무엇보다 중요한 자유의 핵심과 기본은 사상의 자유입니다. 자유에 ABC가 있다면 사상의 자유는 단연 A입니다. 분명히 말씀드리지만, 저는 공산주의를 싫어합니다. 저 역시 청년 시절에는 카를 마르크스나 프리드리히 엥겔스가 말하는 공산주의에 대해서 상당히 공감했습니다만, 지금은 공감하지 않습니다. 많은 문제가 있다고 생각하거든요. 그렇지만 공산주의자라는 표현을 사용했다는 이유만으로, 간첩행위를 하거나 그런 행위를 하지 않았는데도 공산주의를 다룬 책을 읽거나 공산주의에 대해서 공감을 표했다고 해서, 혹은 '공산'이라는 제도가 썩 괜찮은 생각이네, 라는 정도로 내면적인 동의를 했다고 해서 어느 한 사람을 감옥에 가두거나 사회에서 고립시키는 행위는 있어서는 안 될 야만입니다.

아무리 나랑 뜻이 맞지 않는다고 해도 그 사람이 지닌 기본적인 인권으로서의 사상의 자유, 생각의 자유는 철저히 보장해야 합니다. 다른 생각을 가졌다는 이유만으로 어떤 사람을 감옥에 보내는 사회는 인간성을 상실한 사회입니다. 자유 중에서 사상의 자유가 왜 가장 중요한지 그 이야기를 저에게 가장 절실하게 전해준 사람이 바로 존 스튜어트 밀입니다. 다른 사람이나 사회에 피해를 주지 않는 한, 나 혼자 생각하고 나 혼자 표현하는 것, 내가 나의 주권자로서 나의 주권행위로서 어떤 생각을 글이나 말로 표현하는 것을 범죄시하지 마라, 그런 사람을 잡아 가두지 마라, 라고 주장한 것입니다.

앞에서도 말했지만, 사회주의와 공산주의는 다릅니다. 물론 분단 상황에 놓인 우리로서는 북한 문제로 고민이 많아요. 특히 북한에서 이야기하는 북한식 공산주의, 마치 왕조시대의 체제 세습 같은 제도라든지 이런 것은 매우 터무니없는 것들입니다. 말도 안 되지요. 하지만 체제나 권력집단의 성향과 관계없이 이상사회를 그리는 사상의 자유마저 제한하는 것은 매우 문제적입니다. 인간이 보다 자유롭고 평등하게 살아가는 사회를 만들고, 빈익빈 부익부 같은 경제계급 갈등을 해소하려 노력하고, 사회구조의 모순을 고민하고, 그 고민의 답을 찾기 위해 이를테면 상속세의 경우 높은 세율을 부과하고, 여러 경로를 통해 부의 재분배를 이루어가고, 보다 합리적이고 점진적인 방법으로 제도를 개선하면서 우리 사회의 문제를 해결하려고 하는 모든 다양한 노력을 '빨갱이'니 '공산주의'니 하면서 매도하는 것은 아주 야만적인 반사고의 생태입니다. 저는 이런 부분에 반발합니다. 이런 이야기를 가장 확실하고 가장 진지하게 해준 사람이 존 스튜어트 밀이었습니다.

그런데 존 스튜어트 밀이 『자유론』에서 이야기하는 자유의 뜻을 왜곡하는 사람들이 많습니다. 특히 우리 사회에서 자칭 자유를 수호한다는 분들 중 그런 경향을 보입니다. 자유 대한민국, 자유주의 시장경제, 자유 민주국가 등등 거의 모든 이름에 자유를 붙이다 못해 정당 이름에도 자유를 붙입니다. 책이름에도 신문잡지 이름에도 걸핏하면 자유를 붙이고 자유를 외치는 그런 사람들이 많은데 이들이 말하는 자유는 한마디로 반공입니다. 공산주의에 반대한다는 뜻인데, 물론 그것도 좋습니다. 그러나 자유에는 그보다 훨씬 더 가치 있는, 훨씬 더 깊이 있는, 훨씬 더 근본적인 의미가 담겨 있습니다. 이 사실을 존 스튜어트 밀이 저에게 가르쳐주었습니다. 제가 그를 긍정적으로 평가하고 존경하는 측면입니다.

그런데 가끔 싫어지는 경우가 있습니다. 존 스튜어트 밀이 자유를 백인들에게만 인정했기 때문입니다. 『자유론』은 참 좋은 책인데 구석구석에 가끔 그런 고약한 부분이 나타나요. 존 스튜어트 밀은 이미 말씀드린 바와 같이 열일곱 살 때부터 1858년까지 약 삼십오 년 동안 동인도회사에서 고위직으로 일했습니다. 영국이 인도에 식민지 정책을 펼치는 데 거의 이론적인 우두머리 역할을 했어요. 그는 이 책에서 "인도는 미개국이므로 자유가 필요 없다. 이런 나라는 아주 엄격하게 아주 강력하게 무력으로, 전쟁으로, 총칼로 다스려야 된다."라고 이야기합니다. 이런 이야기를 『자유론』뿐 아니라 이런저런 책에서 공공연히 언급했어요. 그 부분에 이르면 저는 또 막 화가 납니다. 인도 사람은 아니지만 화가 났습니다. 그래서 존 스튜어트 밀의 전집 33권을 몇 년 동안 정말 열심히 찾아봤는데, 코리아라는 단어는 나오지 않았습니다. 19세기 서양 사람들의 책에 코리아가 등장하는 경우는 정말 거의 없죠. 존 스튜어트 밀도 마찬가지인데, 그의 논리대로라면 인도만이 아니라 당시 아시아, 아프리카, 일본은 자유를 누릴 권리가 없습니다. 그는 더 나아가 아시아, 아프리카에 대해서 '미개' '야만'이라 손가락질하면서 "너희에겐 자유가 필요 없어. 너희는 어린아이와 같아. 지능도 충분하지 않고 인성도 없어. 인간성도 없어. 너희는 그냥 원

숭이와 같은 존재야."라고 매도합니다. 『자유론』에 한국에 대한 구체적인 언급이 없어서 그럴 뿐이지 만약 그가 중국을 욕하듯이 우리나라를 모욕했다면 저는 이 책의 가치가 아무리 높다고 해도 쓰레기통에 집어넣었을 것 같습니다. 여러분 생각은 어떻습니까? 이처럼 『자유론』은 제게 사랑과 미움이 교차하는 책입니다.

'On Liberty'는 어떻게 '자유론'이 되었을까?

존 스튜어트 밀은 처음부터 "자유란 시민적, 사회적 자유를 말한다."고 규정합니다. 원래 이 책의 제목은 'On Liberty'입니다. 영어에는 자유를 의미하는 단어가 두 개 있지요? 리버티(liberty)와 프리덤(freedom)입니다. 이 책에서 존 스튜어트 밀이 굳이 프리덤을 쓰지 않고 리버티를 쓴 이유는 무엇일까요? 독일어나 프랑스어나 다른 유럽어에서는 '자유'를 보통 하나의 단어로 이야기합니다. 예를 들어 독일어로는 '프라이하이트(Freiheit)'입니다. 영어의 프리덤에 해당하는 단어죠. 영어의 리버티에 해당하는 단어는 독일어나 프랑스어에 없습니다. 어떤 분들은 리버티는 좀 더 사회적인 차원의 자유이고, 프리덤은 좀 더 철학적인 차원의 자유라고 구별하지만, 이 역시 쓰는 사람 나름이라서 그렇게 확실한 구분법은 아닙니다.

이 책은 프리덤이 아니라 리버티에 대한 이야기입니다.『자유론』은 일본에서는 존 스튜어트 밀이 살아 있을 때 일본말로 번역되었습니다. 1872년쯤인데요. 존 스튜어트 밀이 1873년에 사망했으니까 죽기 일 년 전에 일본어로 번역된 것입니다. 당시 일본 사람들은 존 스튜어트 밀을 대단히 빨리 받아들였습니다.『자유론』외에도 존 스튜어트 밀의 책들은 일본의 근대화작업인 메이지유신 이후 적극적으로 수용되었습니다. 일본 지식인들이 가장 적극적으로 받아들인 학문이 바로 존 스튜어트 밀의 학문이었습니다.

이런 역사적 배경 아래, 일본이 존 스튜어트 밀의 책을 '자유론'이라는 이름으로 번역했기 때문에, 우리도 지금까지 그렇게 읽고 있는데요. 일본 사람들은 '리버티'란 단어를 어떤 말로 번역할 것인가를 두고 처음에 고민을 많이 했습니다. 전통적으로 동양사회에서는 자유라는 말을 조금 부정적인 의미로 사용했기 때문이에요. 예를 들어 우리도 '방종'이라는 말을 쓰잖아요? 자기 멋대로 마음 내키는 대로 노는 그런 모습을 보면 '방종'이란 단어를 떠올리죠. 그래서 옛 문헌들을 보면 '자유백사'란 표현이 가끔 나옵니다. 도둑들이 내세운 말도 안 되는 엉터

리 왕이 자기 멋대로 온갖 나쁜 짓을 다 했다, 라는 것을 자유 백사라고 표현하거든요. 그럴 만큼 자유란 말은 고대 동양에서는 별로 좋은 의미로 쓰이지 않았습니다.

그래서 일본 사람들은 이 책을 처음 번역할 때 '자주' '관용' 등 여러 단어를 적용해보았습니다. 지금은 '자주'나 '관용'이 더 좋았겠다, 라는 생각도 듭니다만, 이미 굳어진 것이기에 어쩔 도리가 없습니다. 자유(自由)라는 한자어는 '스스로 비롯된다'는 뜻을 지닙니다. 말 자체엔 특별한 뜻이 없습니다. 그러나 자주(自主)라고 하면 뜻이 명확하죠. '내가 주인이다' '내가 중심이다'라고 하는 나의 주체성을 강조하는 측면이 있으니 말입니다. 또 관용(寬容)이라고 하면 '모든 것을 받아들인다'라는 의미가 있으니 자유라는 한자말보다 구체성이 더 강합니다. 예를 들어 지금도 우리 사회에서는 "뭘 하든 내 자유지." "내 재산 내가 멋대로 하는데 왜?" 하는 식으로 사용하는 경향이 있지 않습니까? 즉 우리나라에서는 여전히 자유를 전통적인 개념으로 쓰고 있어요. 말하자면 내 거니까 내 멋대로 한다, 라는 의미로 '방종'과 혼동해서 사용합니다. 그래서 이 자유란 말이 출발부터 조금 잘못 선택된 것이 아닌가, 라고 생각할 수도 있습니다만, 여하튼 존 스튜어트 밀의 책에서 가장 핵심적인 것은 '사상의 자유' '내면의 자유'입니다.

우리나라 헌법에는 사상의 자유가 명시되어 있지 않은 탓에 국가보안법처럼 사상의 자유를 제한하는 법률이 만들어져 심각한 문제를 일으켰습니다. 많은 분이 헌법 개정을 주장하는 배경이지요. "헌법에 사상의 자유를 반드시 넣자. 그래서 다시는 사상의 자유로 인해 어떤 정치적인 억압을 당하는 사례가 없도록 하자."고 말이에요. 저도 같은 입장이지만, 이 문제가 제대로 해결될지 안 될지 잘 모르겠습니다. 개헌하자고 주장하는 사람들 중에는 사상의 자유를 넣자고 하는 사람들보다 주로 권력구조 문제를 다루려고 하는 사람이 더 많은 탓입니다. 예를 들어 대통령의 어떤 권한을 어떻게 하고 이런 식이죠. 지금까지 우리나라에서는 개헌을 아홉 차례 단행했는데, 매번 정치적인 이해관계에 얽힌 개헌론 주장이 대세이기 때문에 헌법 개정에 사상의 자유를 넣어야 한다는 주장은 어쩌면 또다시 '빨갱이' 소리 듣기 딱 좋은 이야기가 될 수 있습니다. 우리 헌법에는 그 대신 양심의 자유라는 말이 있습니다. 그래서 헌법 해석상 사상의 자유를 양심의 자유라는 개념에서 끌어오기도 합니다. 하지만 이것으로는 충분하지 못합니다. 사상의 자유와 비슷한 표현의 자유, 언론출판집회결사의 자유도 그 기본은 사상의 자유입니다. 사상의 자유가 없이는 언론출판집회결사의 자유가 온전하게 보장될 수 없어요. 그래서 사상의 자유가 가장 중요하다는 것입니다.

진리는 검증되어야 한다

존 스튜어트 밀은 『자유론』에서 사상의 자유에 대해 여러 가지 복잡한 논리적인 변증을 보여주는데, 핵심은 다음과 같습니다. "아무리 절대적인 진리라 할지라도 또는 어떤 절대적인 반진리나 오류라 할지라도 영원한 것은 없다. 어떤 진리든, 어떤 오류든, 토론과 표현을 통해서 검증되어야 한다." 누구나 자신의 사상을 이야기하고 토론을 통해서 그것이 옳은 사상인지 잘못된 사상인지, 혹은 진리인지 진리가 아닌지를 검증할 수 있는 과정이 반드시 필요하다, 라는 주장이 『자유론』의 핵심입니다. 그리고 이 같은 사상의 자유가 모두에게 인정될 때 비로소 다양성이 가능해진다고 말합니다.

다양성이란 다른 말로 개성이란 뜻인데요. 다양성이 말 그대로 '다양한 상태'로서 조화롭게 공존하면 문제가 없지만, 생각이 다르면 싸우게 마련이니 다양성은 늘 충돌의 위험을 안고 가지요. 나의 자유와 너의 자유가 충돌할 수 있고, 나의 필요와 너의 필요가 서로 다를 수 있으니까요. 이때 그 충돌을 해결하는 방식으로 존 스튜어트 밀이 제시하는 하나의 기준이 '타자 피해의 원리'입니다. 앞에서 잠깐 말씀드렸지만, 나의 내면이든 외면이든 내가 나에 대해서 생각하고 표현하는 것들이 나의 문제에 국한되면 문제가 없지만, 내 자유가 다른 사람이나 사회에 피해를 준다면 그 자유는 제한될 수밖에 없습니다. 이게 이제 존 스튜어트 밀 자유론의 핵심이에요. 그는 이어서 "남에게 피해를 주느냐 안 주느냐에 따라서 자유에 제한이 가능하다."고 말합니다. 하지만 "어떤 피해가 있다고 할 때 피해를 최소한에 그칠 수 있는 범위에서 자유에 대한 제한이 있어야 한다."고 주장하지요.

즉 존 스튜어트 밀은 또 어떤 권력이라 할지라도 개인의 자유에 대한 제한은 최소한에 그쳐야 한다고 강조했습니다. 물론 여기에도 논란거리는 있어요. 순수하게 나의 일인 경우와 내가 남에게 피해를 줄 수 있는 경우를 구별하는 기준은 또 무엇인가, 라는 의문이 생길 수 있거든요. 또 누가 그런 기준을 만드는지, 구별하는 사람은 누구인지 이런 논의도 나올 수 있고요. 결국 국가가 그 역할을 할 수밖에 없지 않은가, 재판을 통해 판사가 그 역할을 맡을 수밖에 없지 않은가, 하는 이야기가 나오는 배경입니다.

그런데 여기서 또 문제가 생겨요. 그렇게 되면 자유의 핵심

원리라고 주장한 타자 피해의 원리에도 어떤 기준이라는 게 명확히 있어야 하는데 그것은 또 무엇이냐, 하는 점입니다. 그 밖에도 존 스튜어트 밀의 『자유론』에 대한 비판은 많았습니다. 제가 잠시 언급했던 것처럼 "왜 백인 너희끼리만 자유를 이야기하느냐, 왜 식민지에 대해서는 자유 이야기를 하지 않느냐?"하는 점 때문이죠.

존 스튜어트 밀은 식민지도 구별했습니다. 백인 식민지인 오스트레일리아, 뉴질랜드, 캐나다, 아일랜드처럼 백인들의 독립이나 인권이나 선거권 등에 대해서는 대단히 적극적으로 자유론의 핵심 사상을 주장하지만, 인도 이야기만 나오면 인상을 쓰면서 "인도는 안 돼."라고 단호하게 외칩니다. 좀 이상하지 않나요? 존 스튜어트 밀은 그런 의미에서 편견에 사로잡혀 있었습니다. 그 역시 19세기 제국주의자들에게 공통으로 나타났던 잘못된 식민지주의 사관을 가지고 있었던 것입니다.

『자유론』에 스며 있는 제국주의 관점

존 스튜어트 밀은 세 살 때부터 십여 년간 아버지 책상 옆에 앉아 공부도 하고 글도 썼습니다. 그때 아버지 제임스 밀은 십일 년에 걸쳐 영국령 인도의 역사책을 쓰고 있었는데, 존 스튜어트 밀은 나이가 들면서부터 아버지가 쓴 책의 교정을 보곤 했습니다. 그러니 인도에 대한 어떤 선입견 같은 것이 생겼을 수 있어요. 또 하나, 존 스튜어트 밀은 고대 그리스로마 고전에서 전쟁 이야기를 가장 좋아했고 즐겨 읽었습니다. 우리는 고대 그리스로마 문명이 서양문명의 터전이자 기본이라는 것을 알고 있는데요. 고대 그리스로마의 역사는 실제로 끊임없는 전쟁과 침략의 이야기입니다. 로마제국은 두말할 필요가 없고, 그리스의 아테네도 스파르타와 함께 끊임없이 전쟁을 치렀습니다. 특히 펠로폰네소스 전쟁은 사실상 18~19세기 서양 제국주의의 모델입니다. 그런 이야기를 담은 책이 『플루타르크 영웅전』이죠. 오디세우스 같은 고대 그리스의 영웅들은 다름 아닌 침략의 원형들이었습니다.

그리스로마 문화는 르네상스기에 다시 한번 부흥합니다. 초기에는 주로 인문학과 예술 중심으로 그리스로마 문명이 재도입되었지만, 차츰 정치경제 차원으로 그 영향력을 넓혀갑니다. 특히 제국주의 차원에서의 그리스로마 신화나 그리스로마 시대의 문화, 그중 특히 학자들의 논의와 주장들은 18~19세기에 서양 근대교육의 핵심 모델이 됩니다. 주로 옥스퍼드 대학이나 케임브리지 대학을 중심으로 이루어진 영국의 젠틀맨 교육이 그 전형인데요, 교육의 정체성은 영국의 식민지 관료 양성에 있었습니다.

우리가 지금은 옥스퍼드나 케임브리지를 세계 학문의 중심이 되는 대학이라고 이야기합니다만, 사실 그 대학들은 18~19세기에 인도나 아시아, 아프리카에 파견할 식민지 관료를 양성하는 교육기관이었습니다. 이때 식민지 관료들을 양성하는 가장 좋은 텍스트로 사용한 것이 바로 고대 그리스로마의 전쟁 관련 텍스트였습니다. 고대 그리스로마의 우수성이나 탁월함을 강조하는 데 그만한 자료가 없었지요.

그런데 여러분, 고대 그리스로마가 페르시아를 비롯한 아시아를 어떻게 평가했는지 아십니까? '바바리안', 즉 '야만인'이라고 불렀습니다. 우리가 그리스의 위대한 철학자로 알고 있는 플라톤도 마찬가지입니다. 심지어 플라톤은 '철인정치(哲人政治)'라고 해서 일 인 독재를 주장한 사람입니다. 실은 가장 반민주적인 사상을 주장한 것인데요. 플라톤은 아니나 다를까, 민주주의를 중우정치(衆愚政治)로, 다시 말해 가장 수준이 낮은 정치라고 비판했습니다. 소크라테스나 플라톤이나 모두 스파르타를 존중했잖아요? 스파르타처럼 강력한 군국주의 정부, 군국주의 국가를 꿈꾼 거죠. 말하자면 야만족인 바바리안들을 정복하고 문명화라는 과업을 달성해야 한다고 주장했는데, 이 아이디어는 18~19세기 영국에 수용되어 이른바 식민지 관료 양성의 수단으로 악용되었습니다. 이 상황에서 선구적인 업적을 낸 사람이 존 스튜어트 밀의 아버지인 제임스 밀입니다. 동인도 회사를 이끌었던 지적인 두목이었던 셈입니다.

제임스 밀의 아들인 존 스튜어트 밀도 같은 맥락에 있었습니다. 어린 시절 『플루타르크 영웅전』 같은 전쟁 이야기를 즐겨 읽으면서 서양 문화의 우월성에 도취하고, 야만문명에 대한 멸시를 몸으로 익힌 셈인데, 이런 차원에서 본다면 19세기 제국주의를 유지해준 식민사관에서 선구적인 역할을 한 사람이 존 스튜어트 밀입니다. 하지만 존 스튜어트 밀은 아버지보다 좀 약했습니다. 식민지 문제를 다룬 본격적인 책은 쓰지 않았거든요. 그런데 우리나라에서는 『자유론』에 대해 이야기할 때 이 점을 언급하지 않습니다. 우리가 떠받드는 다른 서양 학자들처럼 엄청나게 찬양할 따름입니다. 저처럼 존 스튜어트 밀의 제국주의적인 면모 같은 문제를 지적하지 않아요.

다음 장에서 이야기하겠습니다만, 존 스튜어트 밀은 대의정치와 대의민주주의에 대해 대단히 깊은 신념을 가진 사람이긴 한데 여기에도 역시 한계가 있습니다. 우리나라 식으로 말하면 서울에 거주하는 스카이대학을 나온 사람들한테는 투표권을 한 다섯 개쯤 주고, 경북이나 대구에 사는 저 같은 사람은 수준이 좀 낮으니까 투표권을 주지 마라, 같은 식의 이른바 '복수선거권'을 인정했습니다. 말하자면 엘리트 민주주의를 제창했는데, 식민지 문제에서도 이와 비슷한 한계를 보인 겁니다. 오늘날의 관점에서 보면 참 놀라운 발상이죠? 지방에 산다거나 3D업종에 종사한다거나 경제적으로 어렵다거나…… 이런 상황에 있는 사람들에게는 투표권을 주지 말자는 주장이 18~19세기 영국에서 제기되었다니요. 그나마 존 스튜어트 밀은 하나 정도는 줘도 된다고 생각했는데, 다른 사람들은 그것마저 주지 말자고 했으니 당시 기준으로 보면 그나마 존 스튜어트 밀에겐 어느 정도 진보성이 있었다고 말할 수 있습니다.

명강

훌륭한
정치가의 조건

동인도회사를 그만두다

이번 장에서는 존 스튜어트 밀의 정치생활을 설명하려 합니다. 그는 약 삼 년 정도 하원의원으로 일했습니다. 영국의 의회는 상원과 하원으로 이루어진 양원제를 채택하고 있습니다. 하원의원은 선거로 뽑으며 국민의 대표로서 상원보다 큰 권한을 갖습니다. 상원은 나라에 대한 공로를 인정받은 종신 귀족, 세습 귀족 등으로 구성되지요. 하원을 선거로 선출하게 된 것은 19세기부터입니다. 그전에는 한 이백 개 가문에서 귀족과 법조인을 중심으로 하원의원을 선출했어요. 존 스튜어트 밀은 1865년에서 1868년까지 하원의원을 하게 됩니다. 그런데 그가 국회의원을 맡아 하게 된 과정이 좀 재미있습니다. 우리나라의 국회의

원하고 한번 비교해보시기 바랍니다.

국회의원이 되는 과정으로 첫째 '추대'가 있습니다. 추대란 누구를 '떠받든다'는 의미인데요. 존 스튜어트 밀은 이미 1863년 이전부터 국회의원, 그러니까 하원의원에 나서달라는 부탁을 받았습니다. 주로 아일랜드 독립을 지지하는 사람들로부터 그런 요청을 받았는데, 그 당시엔 존 스튜어트 밀이 동인도회사의 고위직 직원이었기에 하원의원에는 출마할 수가 없었습니다. 그러다가 1858년에 동인도회사가 없어지는 바람에 직장을 잃고 이를 계기로 정치에 발을 들이게 됩니다.

먼저 동인도회사 관련 이야기를 하겠습니다. 1857년, 인도에서 역사상 최초의 독립운동이 터집니다. 그것을 세계사 책에서는 보통 '세포이의 반란(Sepoy Mutiny, 1857~1858)'이라고 이야기하는데요. 마치 동학운동을 '동학란'으로, 5·18광주민주화운동을 '광주사태'라고 하는 것과 유사한 표현방식입니다. 책을 쓰는 사람의 가치관이 이미 딱 부여되어 있잖습니까? 요즘 인도의 역사책에는 이 사건을 '제1차 독립전쟁(Indian Rebellion of 1857)'이라고 표현하거나 '세포이 항쟁'으로 표기하지요. 반란이라는 단어는 그야말로 '정당한 권력에 대한 폭력적 반발'이라는 뉘앙스를 풍깁니다. 아주 부정적인 가치를 부여한 단어죠. 반면에 항쟁이나 독립전쟁 같은 단어는 빼앗긴 그 무엇을 찾아오려는 몸부림으로 보입니다. 물론 인도의 제1차 독립전쟁의 원인을 낱낱이 말씀드릴 수는 없지만, 영국 식민지 정부와 동일시할 수밖에 없는 동인도회사의 전횡을 인도인들은 더는 참을 수없었습니다. 동인도회사의 인도 침략이 점점 참혹해지고 비참해지는 과정에서 세포이라는 동인도회사에 고용된 원주민 군인들이 반란을 일으킨 것이 이 운동의 시작점입니다. 이후 인도 전역으로 독립운동의 열기가 번지지요.

러크나우의 해방. 러크나우는 인도 북부 우타르프라데시주 남부 도시이다.
1857~1858년 세포이 항쟁의 중심지로 영국군에게 포위되었던 곳이다.

사건이 터지자 영국의 빅토리아 여왕은 이제 더는 인도 통치를 회사에 맡길 수 없다, 내가 직접 다스리겠다, 라면서 식민지 지배의 전면에 나섰고, 동인도회사의 운영을 정지시킵니다. 그러고는 1858년부터 영국 여왕 겸 인도 여왕으로 통치합니다. 빅토리아 여왕의 위세는 이로써 더욱더 높아졌는데요. 인도인의 입장에서는 참 난감한 일이었습니다. 세포이 항쟁은 그야말로 인도 독립을 위한 최초의 발걸음이자 대단히 중요한 역사적인 전환기였는데, 이것이 그만 영국 여왕의 인도통치를 노골화하는 결과를 불러왔으니 말입니다.

존 스튜어트 밀은 당시 동인도회사의 최고위직에 있었습니다. 세포이 항쟁이 발발하여 전개되는 과정에서 그는 아무래도 모종의 명령이나 지시를 내릴 수밖에 없었겠지요. 세포이 항쟁에 참여하는 인도인들의 저항에 대해 정책적으로 이렇게 해라 저렇게 해라, 하고 지시한 혐의가 분명히 있습니다(그 상황에 대한 연구가 최근 이루어지고 있지요). 결국 존 스튜어트 밀은 우여곡절 끝에 동인도회사를 그만두게 되는데요. 이때 그 누구보다도 영국 정부에 저항합니다. 회사의 운영을 중지하지 마라, 이 회사는 좋은 회사다, 동인도회사가 인도 발전을 위해서 얼마나 노력했는지 아느냐…… 이런 식으로 동인도회사를 찬양했습니다. 그러면서 "영국 정부가 직접 인도를 지배하게 되면 인도의 상황은 더욱더 비참해질 것이다."라고 격렬하게 반대했어요.

　우리는 존 스튜어트 밀의 이런 주장을 꼼꼼히 살펴야 합니다. 과연 그것이 인도를 위한 어떤 정책적 제안이었는지, 아니면 자기 가족의 생활을 책임져준 동인도회사가 망하면 안 된다는 생각이 우선이었는지 말입니다. 어쨌든 존 스튜어트 밀은 이렇게 해서 동인도회사를 그만두게 되지요.

의회로 간 존 스튜어트 밀

1865년, 런던의 정치 1번지인 웨스트민스터 선거구 구민들이 존 스튜어트 밀을 찾아와서 "당신이 하원의원이 되어줬으면 좋겠다."라고 요청합니다. 웨스트민스터 선거구는 현재 대한민국식으로 말하자면 서울의 종로구에 해당됩니다. 런던의 중심이자 영국의 중심지인 선거구 주민들이 존 스튜어트 밀을 찾아와 자신들을 대표할 의원이 되어달라고 부탁한 것입니다.

　잠시 존 스튜어트 밀의 『대의정부론*Considerations on Representative Government*』(1861)에 대해 설명하고 싶어요. 이 책은 영국의 의원내각제를 설명한 것입니다. 의원내각제는 우리나라의 정치체제인 대통령제하고 조금 다릅니다. 의원내각제는 무엇보다 의회 중심주의입니다. 그중에서도 특히 하원이 중심인데, 『대의정부론』에서는 의원내각제의 의원이 되는 여러 가지 방법을 설명하고 있습니다.

그는 "국회의원은, 즉 하원의원은 자기 스스로 의원이 되려고 해선 안 된다."고 말합니다. 이것이 첫 번째 원칙인데요. 바로 '추대를 받아야 한다'는 뜻이지요. 두 번째 원칙은 "의원은 선거운동을 해선 안 된다."는 것입니다. 이 이야기를 들으면 우리나라 국회의원들이 뭐라고 항변할지 모르겠습니다만, 존 스튜어트 밀은 이 책에서 분명하게 말합니다. "선거운동을 하지 마라." 세 번째 원칙은 무엇일까요? "하원의원 입후보자들은 선거에 자신의 돈을 한 푼도 써선 안 된다. 돈을 쓴 만큼 나중에 걷어가려고 할 테니, 이렇게 되면 반드시 부패하기 마련이다."라고 힘주어 말했습니다. 네 번째 원칙은 "내가 웨스트민스터 선거구의 하원이 되었다고 해서 내 선거구의 이해관계에 관련된 일을 나 스스로 의회에서 이야기하면 안 된다. 의원은 전 국민을 대표하는 사람이지 특정 선거구민과는 상관이 없다. 따라서 선거구에서 시행하고자 하는 사업이나 어떤 일을 하려고 예산 문제를 주물럭거리고, 선거구민한테 잘 보이려고 선거구에 관련된 국책사업이나 아파트 재건사업 같은 짓을 국회의원이 하면 안 된다."고 단단히 강조했습니다.

여러분은 어떻게 생각하세요? 우리나라 국회의원들의 경우 밀이 제시한 기준에 맞는 자는 한 사람도 없다는 생각이 들지 않습니까? 비단 국회의원뿐일까요? 소위 정치한다는 자들, 모두 기준 미달이고 함량미달이지요.

존 스튜어트 밀은 결국 선거운동을 일절 하지 않고, 일 원 한 푼 쓰지 않고 하원의원이 되었습니다. 선거운동은커녕 오히려 선거구민들하고 싸웠습니다. 『대의정부론』을 보면 존 스튜어트 밀이 "아직까지 우리 선거구민들에게 문제가 많다. 특히 노동자들이 문제다. 노동자들이 너무 이기적이다. 비겁하다. 무지하다."라고 속상해하는 이야기가 나옵니다. 이와 관련된 이야기를 하나 들려드리겠습니다.

존 스튜어트 밀은 나중에 연설을 한 번 합니다. 정견을 발표하는 자리였죠. 여기서 열 가지 내용을 발표하면서 여성선거권을 언급합니다. 영국에서 여성의 선거권은 1918년에야 인정되었잖아요? 그것도 처음에는 남자는 스물한 살 여자는 서른 살처럼 나이에 차이를 둔 차별 선거제였습니다. 그러다가 실질적으로 남녀 모두 스물한 살에 선거권이 인정된 것은 1928년의 일입니다. 그런데 존 스튜어트 밀은 1865년에 여성도 투표를 해야 한다고 주장한 거예요. 대단히 선구적이죠? 거의 오십 년 이상, 반세기 이상 빠른 선구적인 주장이었습니다.

이런 주장을 하고 있는데 노동자들이 집회장에 옵니다. 그 중 한 사람이 잔뜩 화가 난 표정으로 묻습니다. "당신 말이야, 지난번에 당신 책에서 노동자들이 거짓말쟁이고, 사기꾼이라고 욕했잖아. 그런 사람이 우리를 대변할 수 있겠어?" 하고 말이에요. 그러자 존 스튜어트 밀은 이렇게 대꾸합니다. "맞소. 내가 욕을 했소. 당신들 솔직히 그렇지 않소? 나는 하원의원 안 되어도 상관없으니 내가 못마땅하면 나를 찍지 마시오." 그러자 다른 노동자들이 박수를 쳤다고 합니다.

제가 직접 확인한 상황이 아니니까 팩트체크를 해드리지는 못합니다만, 아마도 존 스튜어트 밀은 선거구민에게 아부하는 국회의원이 돼선 안 된다, 라는 이야기를 하고 싶었을 것입니다. 그러면서 "선거구민에게 잘 보이려고 하는 생각 자체가 하원의원의 자질에 문제가 있다는 증거다."라는 이야기도 합니다. 그는 하원의원이 해야 할 역할은 선거구민의 질적인 수준의 제고, 말하자면 교육사업 같은 것을 통해서 선거구민들이 더 올바른 정치인을 선택할 수 있도록 정치교육을 하는 것이라고 강조했습니다.

선거권을 확보하고, 식민지 해방론을 주장하다

마침내 존 스튜어트 밀은 하원으로 선출되었고, 거의 매일 의회에 출석합니다. 우리나라 국회의원 중에는 개근상을 받을 만한 사람이 별로 없다고 하던데요, 여하튼 영국의 하원은 대단히 부지런해야 하는 직업인가 봅니다. 그래서 거의 매일 출근해서 활동했는데, 이때 존 스튜어트 밀이 가장 중요하게 생각한 것이 여성 참정권 문제, 노동자 참정권 문제입니다. 그 결과 영국 역사상 처음으로 노동자 참정권이 인정됩니다.

그전에는 하원의원 선거권만 보더라도 1832년 최초의 선거법 개정이 있었을 때 부르주아가 6퍼센트 선거에 참여했을 뿐이었어요. 그런데 그다음 1867년 존 스튜어트 밀이 하원의원이었을 때엔 그와 공감하는 다른 국회의원들도 뜻을 모아준 덕에 도시노동자의 정책 참여가 인정됩니다. 즉 노동자의 선거권을 최초로 인정한 거예요. 전 국민을 대상으로 보면 14퍼센트가 선거권을 확보한 것입니다. 이 점이 하원으로서의 존 스튜어트 밀이 수행한 가장 중요한 역할이었다고 말할 수 있습니다.

또 한 가지 의원으로서 존 스튜어트 밀이 했던 역할 중에 가장 중요한 것은 식민지 해방론을 주장한 것입니다. 비록 인도는 제외되었지만요. 존 스튜어트 밀이 식민지 해방을 강력하게 주장한 나라는 아일랜드인데, 실제로 아일랜드의 독립은 20세기에 이루어집니다. 하지만 아일랜드 독립운동은 19세기 중엽에 이미 시작되었기에 아일랜드 독립운동가들을 처형하는 문제들이 곧잘 불거졌는데, 존 스튜어트 밀은 이 문제에 격렬하게 반대했습니다. 자메이카 문제도 있습니다. 쿠바 아래쪽에 있는 나라인데 레게로 유명하죠? 그 자메이카에서 영국 총독이 흑인들을 학살하는 충격적인 사건이 벌어집니다. 학살 주범인 총독을 두고 처벌해야 한다, 처벌해서는 안 된다, 잘 죽였다, 라고 각각 다르게 주장하는 의견들이 분분해졌습니다. 식민지 총독이 식민지 원주민을 학살한 끔찍한 사건을 둘러싸고 영국의 지성인들 사이에서 큰 논쟁이 일어나고 의견이 극심하게 갈립니다. 예를 들어 『올리버 트위스트』를 쓴 찰스 디킨슨 같은 사람은 "괜찮아, 뭐 죽일 수도 있지." 하고 보수적인 입장을 취했는데요. 존 스튜어트 밀은 이에 대해 "무슨 소리야! 원주민들의 인권까지 주장하는 건 아니지만, 아무리 그렇다 해도 학살까지 하면 안 된다. 총독을 처벌해야 한다."라고 주장했습니다.

하지만 그 역시 자메이카의 해방을 지지한 것은 아닙니다. 영국인 총독이 학살을 자행한 것은 자메이카 사람들이 독립을 주장했기 때문인데, 존 스튜어트 밀은 자메이카의 독립을 지지해서 그렇게 주장한 게 아니라 학살 자체가 너무나 잔인했기 때문에 총독을 벌해야 한다고 주장한 것입니다. "너희들은 식민지로 남아 있어야 해. 그러나 영국 총독이 잔인하게 학살한 건 나쁜 짓이야."라는 수준으로 반대운동을 벌인 셈입니다. 말하자면 딱 그 정도의 양심만 있었던 겁니다.

인도 문제에 대해서도 존 스튜어트 밀은 그만큼만 양심적이었지만 대우는 좀 달랐습니다. "너희는 기본적으로 야만족이니까 조금 더 우리 영국인 말을 들으면서 문명화 공부를 해야 해. 우리가 너희를 문명화해줄 테니 더 기다려."라는 것이 존 스튜어트 밀의 인도에 대한 입장이었습니다. 또 다른 백인 식민지 중 하나였던 캐나다 문제에서는 자유의 영역을 넓히고 선거권을 인정하는 등 제한적인 의미의 조처를 취합니다. 영국 제국주의가 벌여놓은 일 중 가장 잘못된 점을 시정하는 정도의 역할을 해낸 것입니다.

그 밖에는 정치적으로 뚜렷한 업적이 없습니다. 존 스튜어트 밀은 하원으로 일한 삼 년 동안 그 정도 역할을 하게 되는데요. 그다음 1968년 선거에서는 떨어집니다. 의원활동은 한 번으로 끝나지요. 그런데 존 스튜어트 밀이 선거에 나선 것부터 시작해 하원의원으로서 활동한 내용을 들여다보면 당시 영국에서는 대단히 예외적인 일이었다고 할 수 있습니다. 영국의 하원, 상원은 물론이거니와 선거구에도 부패가 만연했고, 선거 부정도 많았거든요. 그나마 양심껏 하원의원을 삼 년 동안 역임하면서 이상적인 모습을 보여준 것은 보기 드문 일이었습니다.

존 스튜어트 밀의 정치관

존 스튜어트 밀은 의회 민주주의의 핵심을 입법활동이라고 보았습니다. 영국에서는 하원을 중심으로 정치가 이루어지므로 하원의 다수당에서 총리가 나옵니다. 하원이 중요하다고 이야기하는 배경이죠. 그런데 존 스튜어트 밀은 의원들보다도 하원을 운영하는 과정에서 입법을 담당하는 전문가, 이른바 입법 전문가*가 누구보다도 중요하다고 역설했습니다. 영국의 하원에서는 그런 전문가(의원회)에 의한 입법활동이 대단히 강조되는데, 이를 누구보다도 중시한 사람이 존 스튜어트 밀이었습니다.

이 제안에도 장단점은 있습니다. 존 스튜어트 밀은 결국 엘리트 민주주의자, 엘리트 자유주의자라고 할 수 있는데요. 하원의원은 민의에 따라 뽑히긴 했지만 엄밀히 말하면 전문가는

---

* 우리나라에도 이런 일을 하는 사람이 있다. 국회사무처에는 '입법조사관'이라는 직함을 가지고 일하는 사람들이 있는데, 이들은 주로 정치학, 경제학, 사회학 분야의 학위를 가지고 정책을 세울 때 전문적인 역량을 발휘한다.

아닙니다. 대중에게 인기가 많은 사람이 선출되니까 반드시 어떤 정책에 대한 입법 전문가라고 하기 힘들죠. 그러니 하원의원보다 어떤 정책을 입안하는 브레인으로서, 즉 정책 전문가로서 가장 훌륭한 입법을 할 수 있는 엘리트들을 많이 뽑고, 그들을 중심으로 입법 의원회를 다양하게 구성해서 그 사람들이 실질적인 입법 활동을 할 수 있도록 하원이 보장해야 한다고 존 스튜어트 밀은 주장했습니다.

이러한 방법이 입법 전문성을 제고하기 위해서 필요한 조치라는 것은 누구도 부정할 수 없습니다. 현재 우리나라도 그렇고 미국도 그렇고 어느 나라나 그런 전문가들이 활동하고 있고, 또 그런 사람들이 필요한 것도 사실입니다. 그러나 단점도 분명합니다. 아무리 전문가들의 생각이라고 해도 민의와 상충될 수 있기 때문이죠. 또는 소위 전문성이라고 하는 것이 반드시 모든 정책과 조화를 이루거나 합리적으로 배려할 수 있다고 장담할 수 없기 때문이기도 합니다. 한마디로 엘리트주의의 장단점과 관련되는 문제라고 할 수 있어요.

다른 한 가지는 잠깐 언급했다시피 소위 복수투표제에 관한 문제입니다. 실제로 영국에서는 오랫동안 선거권을 제한하는 범주의 일환으로써 제일 처음에는 일정 정도 재산세를 내는 사람에게, 즉 재산 규모에 따라 선거권을 주었습니다. 돈이 엄청 많은 사람에겐 표를 많이 주었다는 뜻인데요. 이 비율이 조금씩 줄어드는 것이 영국 선거권의 변화 과정이라고 해도 과언이 아닙니다. 따라서 큰 부자가 선거권을 많이 가졌다가 그다음에 조금씩 조금씩 줄어들어서 그 당시엔 웬만한 부자들은 선거권을 다 가지게 된 것인데요. 이른바 자본주의적인 논리가 선거권에도 작용한 것입니다. 존 스튜어트 밀은 이 제도를 거부했습니다. 아니, 철저하게 부정했어요. 대신 "선거권은 돈으로 따질 문제가 아니다, 하지만 두뇌는 따져야 한다. 머리가 좋은 사람, 학력이 높은 사람, 지능이 뛰어난 사람, 엘리트들은 투표권을 복수로 가져야 한다. 일반 서민 노동자들보다 많이 가져야 한다."라고 주장했습니다. 지금 생각하면 말도 안 되는 이야기인데, 적어도 그 시대 기준으로 보자면, 돈을 가치 기준으로 삼지 않고 그래도 지식을 가치 기준으로 삼았다는 점에서 조금 신선하다고 볼 수 있을지도 모릅니다.

그럼에도 불구하고 존 스튜어트 밀은 진보적이었다

존 스튜어트 밀이 정치활동을 하면서 이룬 업적 중 가장 영향력이 큰 것은 노동자들의 권리 신장 문제와 여성 참정권의 확대 문제입니다. 우선 노동자들의 권리 신장 문제를 볼까요? 앞에서 잠시 영국에서의 입법과정을 말씀드렸습니다만, 영국에서는 노동조합을 통해서 노동당이 만들어지고, 1924년에 최초의 진보 정권인 노동당 정권이 들어섭니다. 현재 영국의 양대 정당이라는 것이 보수당과 노동당이잖아요? 이런 형태의 정치체제가 수립된 것은 존 스튜어트 밀 덕분이라고 보아도 과언이 아닙니다.

존 스튜어트 밀은 여성 참정권의 확대를 가장 선구적으로 주장했던 사람입니다. 그러나 단순히 참정권만이 아니라 여성해방의 근본적인 문제로서 결혼, 가정, 여성의 직장 문제 등을 둘러싼 당시 상황에 의문을 제기했습니다. 페미니즘 역사를 보면 18세기 말엽에 메리 셸리의 어머니인 메리 울스톤크래프트(Mary Wollstonecraft, 1759~1797)가 『여성의 권리 옹호*A Vindication of the Rights of Woman with Strictures on Moral and Political Subjects*』(1792)라는 책을 쓴 이래로 존 스튜어트 밀의 『여성의 종속(여성의 예속)』은 제1기 페미니즘의 가장 중요한 문헌으로 꼽힙니다. 특히 남성 저자가 이런 책을 쓴 것을 높이 평가하는 여성사 연구자들이 많습니다.

존 스튜어트 밀은 그 책을 1869년에 발표했습니다. 그런데 "이것은 내가 쓴 책이 아니라 해리엇 밀이 쓴 책이다." 혹은 "이 책은 해리엇 밀하고 내가 같이 쓴 책이다."라고 이야기합니다. 당시 해리엇 밀은 이미 사망한 뒤였는데요. 학자들 사이에서는 존 스튜어트 밀의 말이 옳다고 이야기하는 사람도 있고, 존 스튜어트 밀이 직접 쓴 책이다, 라고 주장하는 사람도 있습니다. 제 생각엔 혼자 썼는지 둘이 썼는지는 별로 중요한 문제가 아닌 것 같아요. 핵심은 『여성의 예속』이라는 책이 19세기 후반에 쓰인 책이라는 시대적인 한계에도 불구하고 지금 우리의 입장에서 볼 때 그다지 고루하지 않다는 점입니다. 심지어 그는 결혼에 대해서 근본적인 문제를 제기합니다. 이를테면 결혼을 꼭 해야 하는지, 결혼이라는 제도 때문에 여성이 종속되는 것은 아닌지 의문을 제기한 거예요.

존 스튜어트 밀은 심지어 "가족법은 노예법이다."라고 이야기합니다. 여러분, 우리나라의 가족법도 문제가 있었잖아요? '호주(戶主)'제도와 연관되어서 동성동본 혼인금지 같은 세상에 유일무이한 그런 제도가 있다가 없어졌어요. 그렇지만 이 가족법은 여성의 보호라는 미명하에 오히려 여성의 자유를 제한하는 측면이 없지 않습니다. 노동법도 마찬가지입니다.

존 스튜어트 밀은 여성이든 노동자든, 또는 다른 사회적 약자든, 그들이 주체적이고 자율적인 존재로 자기주장을 할 수 있고 자기 행동을 펼칠 수 있는 그런 존재로 성장할 수 있도록 돕는 입법적 개혁이 필요하다고 주장했습니다. 여성이 직장을 갖는 문제, 여성이 결혼으로부터 해방되는 문제, 가족법 때문에 여성의 권리가 제한되는 문제 등등 기타 여러 가지 부당한 제한을 타파해야 한다고 강조했어요.

가령 우리나라도 일제강점기에는 여성을 민법에 준해 무능력자로 취급했고, 재산 거래 시에는 미성년자와 같은 수준으로 취급했습니다. 물론 우리나라만 그런 것은 아니에요. 19세기 중엽까지만 해도 영국의 여성은 동산에 대해서 남편이 소유권을 가졌습니다. 부동산의 경우엔 여성의 소유권을 인정하고 관리와 운영은 남편의 몫으로 인정했지요. 경제적인 권리, 재산에 대한 권리에서 여성은 대단히 제한을 받았던 것입니다. 다른 문제도 마찬가지죠. 예를 들어 여성이 이혼하려고 할 때 적용되는 판례가 거의 없었습니다. 여성에겐 한마디로 이혼할 자유가 거의 없었던 거예요. 그러다가 19세기 후반부터 20세기 초엽에 조금씩 조금씩 이혼의 자유가 확대됩니다.

『여성의 종속(여성의 예속)』은 그다지 두꺼운 책이 아닙니다. 그러나 역사적인 의의에서는 『자유론』만큼은 아니어도 '자유론의 여성판'이라 불릴 만큼 여성의 자유를 주장한 책으로서 가치를 평가받고 있습니다. 물론 이 책에도 문제점은 있습니다. 가령 존 스튜어트 밀은 "여성이 가족을 책임져야 한다. 주부로서의 역할에 충실해야 한다."와 같은 보수적인 주장도 해요. 그러나 19세기 후반의 영국 사회를 생각해본다면 그의 주장들은 매우 진보적이었습니다.

그는 또한 성해방 문제, 동성애의 문제, 매춘 문제에도 그 시대 사람 같지 않은 진보적인 견해를 취했습니다. 예를 하나 들어볼게요. 존 스튜어트 밀은 매춘도 인정합니다. 매춘의 부정적인 측면, 특히 매춘을 상업화하는 경우엔 가차 없이 처벌해야 한다, 철저하게 규제해야 한다, 라고 주장하면서도 매춘 자체를 범죄시하여 처벌하는 문제는 신중하게 접근해야 한다고 주장합니다. 동성애에 대해서는 적극적으로 찬성하지 않았지만, 본인이 중시하는 자유의 원리에 따랐을 때 적어도 '타인 피해 원리'에 어긋나지 않으니 용인해야 한다고 말해요. 성적 지향에 따른 행동의 자유라는 차원에서 인정할 필요가 있지 않느냐, 라고 주장한 것입니다.

존 스튜어트 밀의 책이나 주장에 대해 19세기 후반치고는 상당히 진보적이었다고 인정하는 학자들도 많지만, 그렇지 않다고 평가하는 학자들도 있습니다. 그러나 모든 논의에도 불구하고 메리 울스톤크래프트의 『여성의 권리옹호』가 나온 뒤로 거의 두 번째라고 할 수준의 여성해방론을 당대 남성인 존 스튜어트 밀이 썼다는 점은 주목할 만합니다. 우리나라에도 그의 책을 연구하는 여성학자들이 꽤 있습니다. 번역도 두세 종류 되는데, '여성의 예속'이라고 번역한 것도 있고 '여성의 종속'이라고 번역한 것도 있습니다. 이 책이 『자유론』과 함께 지금까지 남아 있는 존 스튜어트 밀의 저서 중에서 가장 생명력이 긴 책이라는 사실만큼은 분명합니다.

10강

21세기를 준비하다

존 스튜어트 밀의 부정적인 측면

벌써 마지막 시간이 되었네요. 이번 장에서는 지금 우리 입장
에서 존 스튜어트 밀을 어떻게 받아들일 것인가 하는 점을 이
야기하고 싶습니다. 첫 장에서 잠깐 말씀드렸지만, 존 스튜어트
밀은 우리나라의 존재를 전혀 몰랐습니다. 물론 우리 선조들도
존 스튜어트 밀을 몰랐지요. 영국과 우리는 시대상황도 대단히
달랐습니다. 존 스튜어트 밀이 살던 시대의 영국은 빅토리아
여왕조로 이른바 제국이 가장 번창했던 시절이었습니다. 영국
이 우리나라를 침략하지는 않았습니다만, 만일 아편전쟁을 통
해 중국을 침략하는 과정이 보다 확대되었더라면 우리도 영국
의 식민지가 되었을지 모를 일입니다. 개중에는 좀 이상한 농담

을 하는 역사학자도 있습니다. 우리가 일본이 아니라 영국의 식민지가 되었더라면 더 좋았을 거라는 이야기였는데, 그 이유를 들어보니 영국은 신사의 나라니까 식민지 과정을 통해서 더 많은 혜택을 입지 않았겠나, 하는 거였죠. 저로서는 참 이해하기 힘든 사고방식입니다.

존 스튜어트 밀은 적어도 제국주의 문제와 관련해서는 그다지 지성인다운 면모를 보여주지 못했습니다. 도덕심이나 연민을 갖는 정도였어요. 제국주의 자체나 식민지 지배 자체를 부정하지 않았습니다. 아버지인 제임스 밀이 주장한 이른바 문명화 과업으로서의 식민지 착취 합법화, 혹은 정당화 과정에 존 스튜어트 밀도 나름대로 충실했습니다. 영국에서 보면 애국자일지 모르겠습니다만, 우리의 입장이나 식민지를 경험했던 사람들의 처지에서 보면 제국주의자임에 분명합니다. 비판을 피하기 어렵지요. 그런데도 일부 학자들은 영국이나 프랑스의 식민지 지배에 무슨 문제가 있느냐고 반문합니다. 역사 전체를, 즉 세계사 전체의 상황에서 보면 그 역시 문명화 과업을 이룬 것이다, 영국이나 프랑스가 강력한 제국을 형성해서 식민지 제국을 문명화한 것이다, 일종의 시혜를 베푼 것이다, 라고 이야기합니다.

이런 주장을 펼치는 학자들이 지금도 있어요. 하버드대학

오리엔탈리즘을 보여주는 그림 〈알제리의 여인들〉.

교에서 역사를 가르치는 퍼거슨도 여전히 그런 주장을 하고, 일본의 학자들이나 한국의 학자들 중에도 식민지 지배를 긍정적으로 평가하는 사람이 있습니다. 학문적인 차원에서, 지식의 차원에서, 문화예술의 차원에서, 혹은 정신적인 차원에서 여전히 제국주의 침략이 옳았다, 서양이 우월하다, 라고 주장하면서 비서양에 대해서는 조금 멸시하고 배타적인 태도를 보이는 그런 사람들이 있습니다.

1978년, 에드워드 사이드라고 하는 팔레스타인 출신의 미국 컬럼비아대학교 교수가 『오리엔탈리즘』이란 책을 써서 비서양에 대한 서양의 침략을 정당화하는 여러 가지 학문, 예술, 정치 행태를 고발하고 비판하고 분석했습니다. 제가 그 책을 번역한 적이 있는데, 지금도 중동 전쟁이나 이스라엘과 중동 간의 관계들을 보면 여전히 그 같은 오리엔탈리즘이 유지되고 있다고 볼 수 있습니다. 존 스튜어트 밀의 부정적인 측면이 19세기 영국 상황에서는 어쩔 수 없었다, 라고 평가하는 사람도 있지만 존 스튜어트 밀을 총체적으로 살펴보는 마당에서 이 문제는 반드시 짚고 넘어가야 한다고 저는 생각합니다. 동시에 존 스튜어트 밀의 여러 가지 논의는 우리가 당면한 문제들을 해결하는 데 시사하는 점이 많다는 것 또한 강조하고 싶습니다.

교육의 힘과 인간의 자율적인 능력을 강조하다

첫 시간에 우리가 존 스튜어트 밀의 영재교육 이야기를 했습니다. 그의 아버지는 백지설(白紙說)의 입장에서 교육으로 새로운 인간상을 만들어낼 수 있다고 믿었지요. 이것은 사실 19세기의 합리주의자, 공리주의자들의 신념이기도 했습니다만, 지금은 그런 논의가 다방면에서 한계를 보이는 것도 사실입니다.

　『자유론』이라는 책이 나온 1859년에 출판된 책 중에 또 하

『종의 기원』 출간을 앞둔 시점의 찰스 다윈.　　　아리아 인종 우월주의에 빠진 히틀러.

나의 중요한 책이 있습니다. 찰스 다윈의 『종의 기원』이죠. 다윈은 이 책에서 이른바 유전의 문제, 새로운 동물행태학 등을 이야기했는데, 이로써 사람들은 인간에게 유전되는 형질, 성격, 지능 등에 대해 새로운 관점을 지니게 됩니다. 그 결과 아돌프 히틀러 같은 독재자는 우생학이니 인종 절멸론이니 하는 이야기를 들먹이면서 20세기의 비극을 초래합니다.

　사실 교육의 힘만으로 모든 문제를 해결한다, 라는 주장은 너무 계몽주의적이고 지나치게 공리주의적입니다. 그래서 학문적으로 100퍼센트 신뢰를 받고 있다고 말하기 힘듭니다. 제 자신만 생각해봐도 완전히 백지상태에서 출발했다고 보기는 힘

들거든요. 아무래도 아버지나 어머니로부터 물려받은 성격적인 요인이나 기질 등등 이런저런 요소들이 많이 있지 않겠어요? 흔히 말해 고유성, 지능, 성격…… 이런 것들은 유전되는 측면도 있고 말입니다. 그러니까 존 스튜어트 밀의 아버지가 주장한 백지설은 '어떤 학설에 근거해서 영재교육을 시킬 것인가?'를 고려할 때 신중하게 검토할 필요가 있습니다. 그렇지만 저는 존 스튜어트 밀이 교육의 힘을 강조한 것, 인간의 자율적인 능력을 부각한 점을 대단히 훌륭하다고 평가합니다.

공리주의 이전, 영국을 비롯한 유럽 국가들의 전통적인 생각은, 귀족은 머리가 좋고 인격이 훌륭하고 타고난 어떤 능력이 뛰어나다, 왕은 태어날 때부터 신으로부터 권한과 권력에 정당성을 부여받은 사람이다, 부자들은 훌륭한 사람이기 때문에 돈을 많이 버는 것이다…… 같은 식이었습니다. 이런 주장은 역으로 가난한 노동자, 농민은 어쩔 수 없이 두뇌도, 인격도, 성품도 낮고 비천할 수밖에 없다, 라는 식의 숙명론을 뒷받침해주었는데요. 제임스 밀의 백지설이나 존 스튜어트 밀의 공리주의가 교육의 힘을 강조한 것은 지금 이 시대에도 가치 있다고 생각합니다.

교육의 힘에 대해서는 의견이 다양합니다. 교육이 어느 정도까지 인간사의 문제를 해결할 수 있느냐, 과연 교육으로 모든 문제가 해결될 수 있느냐, 어떻게 교육해야 사회적인 고민들을 해결하는 데 도움을 줄 수 있느냐 등등 여러 가지 논의가 있겠습니다만, 교육에서 인간의 자율성을 강조한 점은 몇 번을 다시 강조해도 좋을 만큼 존 스튜어트 밀과 그의 아버지, 혹은 제레미 벤담의 공로라고 이야기할 수 있습니다. 우리가 지금까지 살펴본 바와 같이 존 스튜어트 밀 자신의 삶 역시 합리주의, 공리주의, 경험주의의 입장에서 거의 만들어진 것처럼 말입니다.

자서전에 드러난 존 스튜어트 밀의 젊은 시절을 보면 "친구들이 나를 보고 인조인간 같다고 한다."는 내용도 있습니다. 인조인간, 즉 만들어진 인간이라는 표현까지 썼을 만큼 그에겐 교육이 미친 영향력이 어마어마했다는 뜻이겠지요. 하지만 그 교육의 힘이 예술적이거나 시적인 상상력 같은 정서적이고 감정적인 측면을 무시한 점도 있었기에 존 스튜어트 밀은 질곡의 과정을 겪게 됩니다. 저는 오히려 그 과정이 좋은 경험이었다고 생각합니다. 인간이면 누구나 사춘기 시절을 지나게 마련이고, 나이 들면서 사랑, 좌절, 위기, 절망 같은 감정에 휘말리게 됩니다. 존 스튜어트 밀에게만 해당하는 문제는 아니죠. 따라서 저는 여러분도 자기 삶의 여러 국면을 한번 재검토해보길 바랍니다. 바로 여기에 우리가 타인의 자서전이나 남의 삶을 들여다보는 의의가 있는 것은 아닐까 생각합니다.

배부른 돼지가 될까, 배고픈 소크라테스가 될까

토마스 칼라일(Thomas Carlyle, 1795~1881)은 공리주의를 '돼지 철학'이라고 폄하했습니다. 프리드리히 니체(Friedrich Wilhelm Nietzsche, 1844~1900)는 "공리주의는 속물이다."라고 이야기했고요. 어떻게 보면 저는 우리 사회에도 1960년대, 1970년대 이후부터 진행된 급속한 근대화, 산업화, 공업화, 도시화 과정을 통해 팽배해진 물질주의가 그런 경향을 보이는 것은 아닌가, 하고 생각합니다. 공리주의의 가장 부정적인 측면이 우리 사회에 전달되어서 물질주의와 밀착되면서 여러 문제점을 양산한 것은 아닌가, 이런 생각을 해봅니다.

사실 공리주의는 반드시 부정해야 한다거나 거부되어야 할 사상이 아닙니다. 현실을 중시하는 공리주의의 첫 출발은 매우 신선했어요. 특히 존 스튜어트 밀이 공리주의자 협회를 만들어서 나름대로 사회개혁의 뜻을 품었을 때의 공리주의는 기존 영국 사회에 대한 일종의 저항이었습니다. 영국을 지배해온 영국 국교의 종교적이고 신비주의적인 권위주의는 물론 국교와 왕족, 귀족이 지배계층을 만들어서 하층 민중을 기만하거나 착취하는 데 대한 모종의 저항이었죠. 존 스튜어트 밀이 주장한 공리주의는 이처럼 긍정적인 측면이 강했습니다. 그런데 이 같은 역사적인 의의는 중시되지 않고, 도리어 물질주의나 경제발전이라고 하는 측면만 과도하게 강조됨으로써 '물질주의=공리주의'라는 그런 속물적인 사상으로 전락한 것입니다.

존 스튜어트 밀이 한 말 중에 여러분도 잘 아는 "배부른 돼지보다 배고픈 소크라테스가 낫다."라는 게 있는데요. 원래 문장은 "만족한 돼지보다는 불만족한 인간이 되는 것이 낫다. 만족한 멍청이보다 불만족한 소크라테스가 낫다(It is better to be a human being dissatisfied than a pig satisfied; better to be Socrates dissatisfied than a fool satisfied)."입니다. 이 말은 존 스튜어트 밀이 생애 말년에 스코틀랜드에 있는 성 앤드루스 대학에 명예총장으로 추대되자 이를 수락하는 연설에서 한 말입니다. 존 스튜어트 밀은 대학은커녕 어떤 학교도 다녀본 적 없는 그야말로 무학력의 사람이잖아요? 그랬던 그가 말년에 명예직이긴 하지만 대학총장으로 추대되어 연설을 하고, 그 와중에 이 명언을 남긴 것인데요. '인간은 물질적 풍요로만 행복할 수 없다. 정신적인 부유함 역시 행복한 삶의 한 요소이다.'라는 뜻입니다.

벤담을 위시한 초기 공리주의자들은 인간의 실리 추구를 강조했습니다. 가난으로부터의 해방, 즉 굶주림과 기아로부터의 해방을 추구하기 위한 기본 전제가 바로 공리주의였습니다. 바로 이런 점에서 공리주의가 경제적 가치를 존중하고, 실리를 따지는 사상으로 각인된 것입니다. 그런데 종교 권력을 등에 업은 상류층 사람들은 여전히 가난해도 신의 말씀으로 극복할 수 있다, 라는 식의 종교적인 허위의식을 퍼뜨렸습니다. 존 스튜어트 밀은 바로 여기에 저항하는 의미로서 공리주의를 주장한 것이지요. 그것을 '배부른 돼지보다는 배고픈 소크라테스가 낫다.'는 식으로 표현한 것이고요. 이 말의 참 의미를 우리 시대에서도 진지하게 생각해볼 필요가 있다고 저는 생각합니다. 물론 요즈음 이 세상이 돌아가는 모습을 보면 참 어려운 일이겠다, 싶습니다.

교육과 훈련을 통해 지성을 갈고닦아라

존 스튜어트 밀은 획일성, 쏠림 현상, 유행 같은 것들을 멀리하고, 사고의 다양성, 독립성, 개성, 자율성을 중시하라고 주장했습니다. 저는 이 점 또한 지금 이 시대를 살아가는 우리에게 존중되고 재평가되어야 한다고 봅니다.

여러분 생각은 어떻습니까? 우리 사회는 IT강국답게 인터넷 속도도 가장 빠르고, 스마트폰을 중심으로 한 통신방식이 대단히 고도화한 정보전달 사회입니다. 여기엔 분명 긍정적인 측면이 더 많습니다. 하지만 이 같은 IT산업의 발전이 초래하는 부정적인 측면, 그리고 사고의 획일성이 빚어내는 몰개성화, 이것들이 어우러져 인간의 고유한 가치를 잃어버리게 만드는 비인간화를 고려한다면 우리 자신 비판적인 안목을 길러야 한다고 봅니다. 19세기에 존 스튜어트 밀이 그랬던 것처럼요.

존 스튜어트 밀은 한마디로 대단히 비판적인 사람이었습니다. 그는 비판을 위한 자유를 매우 중시했어요. 어떤 진리라고 할지라도, 설령 그것이 종교적으로 학문적으로 정치적으로 사회적으로 어떤 굉장한 진리처럼 보인다고 해도 절대적인 이데올로기나 신념 같은 것은 없다고 보았습니다. 만일 그런 것이 있다면 많은 사람이 참여하는 토론이나 출판, 집회 등을 통해서 충분히 검증되어야 한다고 주장했습니다. 즉 학문적인 진리든 정치적인 진리든 옳고 그름을 제대로 따지는 교육을 받고 훈련을 통해 지성을 갈고닦을 때 비로소 민주시민이 양성된다고 보았어요. 이 점이야말로 존 스튜어트 밀이 우리에게 남겨주는 최고의 가르침이 아닐까 싶습니다.

존 스튜어트 밀은 분명 19세기 사람이었습니다. 따라서 시대적인 한계도 있고, 제국주의가 한창이던 영국의 시민으로서 감수해야 하는 부정적인 면모도 분명 있었습니다. 그러나 존 스튜어트 밀은 『자유론』의 핵심 사상인 자유, 다양성에 기반을 둔 사상의 자유라는 가치를 가장 중요시했고, 스스로 체현했으며, 다양성과 함께 모든 사람의 인격 존중, 개성 존중을 몸소 보여주었습니다. 그 자신 그렇게 노력했고, 바로 이런 점에서 존 스튜어트 밀은 우리가 흔히 말하는 속물적인 의미의 출세나 정치적인 출세를 추구한 게 아니라 대단히 진지하고 성실하게 모든 문제를 고민하고 실천하려고 했던 고귀한 인간성의 소유자라는 점을 확실하게 드러냅니다.

존 스튜어트 밀은 바로 이 지점에서 자신의 아버지를 비롯한 선배 지식인들과 통합니다. 스토아주의적이고 대단히 금욕주의적인, 영국 지식인들과 귀족들이 중시하는 정신적인 면모들인데요. 저는 영국에서 그렇게 오래 살진 못했습니다만, 사는 동안 일반인들이 영국 귀족들, 특히 왕족을 존경하는 모습에 깜짝 놀라곤 했습니다. 당시 영국 귀족이나 영국 교수들은 히터나 에어컨을 놓지 않았습니다. 대부분 그랬어요. 한두 번 귀족들이 사는 성곽을 방문해본 적이 있는데, 로비나 홀은 천장도 아주 높고 공간 자체도 넓은 그런 곳인데도 특별한 난방장치 같은 것을 하지 않았습니다. 겨울에는 히터를 한껏 올리고 덥다면서 반팔을 입고, 여름에는 에어컨을 높이 올리고는 춥다고 카디건을 걸치는 모습은 영국에 없었어요. 뭐랄까, 굉장히 검소한 민족이라는 느낌을 받았습니다.

존 스튜어트 밀도 동인도회사의 고위직에 있으면서 고액의 임금을 받았고, 퇴직 후에는 연금도 아주 많이 받았습니다만, 평생 학문생활에 몰두하면서 사치를 부리거나 세속적인 의미의 출세를 지향하는 그 어떤 행위도 하지 않았습니다. 이 같은 점에서도 존 스튜어트 밀은 대단히 매력적입니다.

다름을 인정하고 극복하며 연대하는 사회를 위하여

존 스튜어트 밀은 한마디로 자유와 다양성을 주장했습니다. 우리 사회는 다양성을 인정하는 사회가 되어야 하고, 누구나 우리 자신과 다를 수 있음을 인정해야 하며, 다르다는 것은 우열의 문제가 아니라 서로의 생각이나 행동에 다름이 있을 뿐이라는 것, 서로가 서로의 다름을 존중해야 한다는 것을 강조했습니다. 즉 나와 다르다는 이유로 사람을 무시해서는 안 되며, 과도하게 가치를 부여하거나 숭배할 필요도 없다고 했습니다. 존 스튜어트 밀 사상의 위대성은 여기서 비롯됩니다.

저는 첫 시간에 고전은 숭배의 대상이 아니라고 말씀드렸습니다. 고전은 무조건 위대하다, 라는 식으로 고전을 대할 필요가 없다고도 말씀드렸죠. 존 스튜어트 밀의 생애와 사상도 그런 측면에서 보면 좋겠습니다. 비판할 것은 비판하고, 긍정적으로 받아들일 것은 받아들이고, 존 스튜어트 밀의 입장을 우리의 현실에 녹여서 새로운 사회의 가능성과 미래의 비전을 세우는 데 이 시간이 의미가 있었다면 참 좋겠습니다.

저는 무엇보다 우리 교육이 학생 한 사람 한 사람의 개성과 자율성, 자주성을 존중하는 방향으로 바뀌었으면 좋겠습니다. 더 나아가 우리 사회가 다양성으로 넘치는 사회, 보다 개성 있는 사람들이 흘러넘치는 사회가 되길 바랍니다. 물론 이때 그런 사회의 조정 원리는 필요하겠지요. 존 스튜어트 밀이 이야기했던 것처럼 '타자 피해의 원리' 같은 것이 절대적인 기준이 될 수는 없겠지만, 단단한 원칙과 기준을 세운 다음 더 많은 사람이 자유를 누리게 되면 참 좋겠습니다. 개개인의 자유로운 생각, 자유로운 행동, 자유로운 취미, 자유로운 취향 이런 것들이 모두 존중받는 세상이 되면 정말 좋겠습니다. 설령 다양성 문제로 서로에 대해 마음에 들지 않는 구석이 발견되거나 싫어지는 점들이 생긴다고 해도 우리는 그것을 미워하거나 적대시하면 안 됩니다. '다르다'는 것은 누구나 함께 존중해야 할 필요가 있는 개성이기 때문입니다. 또한 이런 생각은 우리 민족끼리만 주고받아서는 안 됩니다. 말로만 세계화를 떠들 게 아니라 다른 인종, 다른 민족에 대해서도 마찬가지로 그들의 다양성을 인정해야 합니다. 서양을 과도하게 숭배할 필요도 없고, 동남아시아나 아프리카처럼 우리나라에 경제적인 도움을 받고자 온 사람들을 무시해서도 안 됩니다. 그들은 도리어 우리 경제를 돕기 위해 온 사람들이잖아요? 아직도 우리나라엔 외국인 노동자들을 '후진국 사람'이라면서 차별하는 사람들이 있습니다. 이런 문제점은 우리가 반드시 극복해야 합니다.

저는 존 스튜어트 밀의 사상과 생애를 통해 얻은 작은 가르침이 우리가 서로의 다름을 인정하고 연대하는 데 버팀목이 되길 바랍니다. 그 다름을 이유로 어떤 가치를 부여해서 과도하게 숭배하거나 과도하게 멸시하지 않기를 바랍니다. 존 스튜어트 밀이 말하는 다양성, 개성, 서로의 다양성이 조화를 이루는 사회, 또 그런 다양성이 조화롭게 이루어지기 위해서 서로 간에 토론의 자유, 사상의 자유, 행동의 자유를 충분히 보장하는 사회를 함께 이루어가길 희망합니다. 그런 사회를 이룩하고 싶다는 열망이야말로 존 스튜어트 밀을 읽는 21세기의 우리가 품고 성취해야 할 가장 큰 과제가 아닐까요?

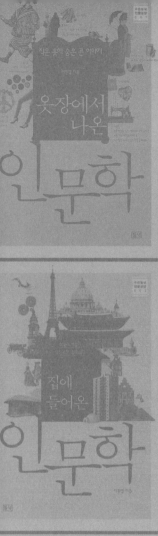

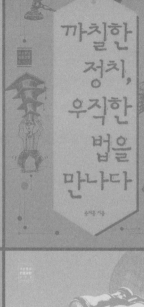

푸른들녘 인문·교양 시리즈

인문·교양의 다양한 주제들을 폭넓고 섬세하게 바라보는 〈푸른들녘 인문·교양〉 시리즈. 일상에서 만나는 다양한 주제들을 통해 사람의 이야기를 들여다본다. '앎이 녹아든 삶'을 지향하는 이 시리즈는 주변의 구체적인 사물과 현상에서 출발하여 문화·정치·경제·철학·사회·예술·역사 등 다방면의 영역으로 생각을 확대할 수 있도록 구성되었다. 독특하고 풍미 넘치는 인문·교양의 향연으로 여러분을 초대한다.

2014 한국출판문화산업진흥원 청소년 권장도서 | 2014 대한출판문화협회 청소년 교양도서

001 옷장에서 나온 인문학

이민정 지음 | 240쪽

옷장 속에는 우리가 미처 눈치 채지 못한 인문학과 사회학적 지식이 가득 들어 있다. 옷은 세계 곳곳에서 벌어지는 사건과 사람의 이야기를 담은 이 세상의 축소판이다. 패스트패션, 명품, 부르카, 모피 등등 다양한 옷을 통해 인문학을 만나자.

2014 한국출판문화산업진흥원 청소년 권장도서 | 2015 세종우수도서

002 집에 들어온 인문학

서윤영 지음 | 248쪽

집은 사회의 흐름을 은밀하게 주도하는 보이지 않는 손이다. 단독주택과 아파트, 원룸과 고시원까지, 겉으로 드러나지 않는 집의 속사정을 꼼꼼히 들여다보면 어느덧 우리 옆에 와 있는 인문학의 세계에 성큼 들어서게 될 것이다.

2014 한국출판문화산업진흥원 청소년 권장도서

003 책상을 떠난 철학

이현영 · 장기혁 · 신아연 지음 | 256쪽

철학은 거창한 게 아니다. 책을 통해서만 즐길 수 있는 박제된 사상도 아니다. 언제 어디서나 부딪힐 수 있는 다양한 고민에 질문을 던지고, 이에 대한 답을 스스로 찾아가는 과정이 바로 철학이다. 이 책은 그 여정에 함께할 믿음직한 나침반이다.

2015 세종우수도서

004 우리말 밭다리걸기

나윤정 · 김주동 지음 | 240쪽

우리말을 정확하게 사용하는 사람은 얼마나 될까? 이 책은 일
상에서 실수하기 쉬운 잘못들을 꼭 집어내어 바른 쓰임과 연
결해주고, 까다로운 어법과 맞춤법을 깨알 같은 재미로 분석
해주는 대한민국 사람을 위한 교양 필독서다.

2014 한국출판문화산업진흥원 청소년 권장도서

005 내 친구 톨스토이

박홍규 지음 | 344쪽

톨스토이는 누구보다 삐딱한 반항아였고, 솔직하고 인간적이
며 자유로웠던 사람이다. 자유·자연·자치의 삶을 온몸으로
추구했던 거인이다. 시대의 오류와 통념에 정면으로 맞선 반
항아 톨스토이의 진짜 삶과 문학을 만나보자.

006 걸리버를 따라서, 스위프트를 찾아서

박홍규 지음 | 348쪽

인간과 문명 비판의 정수를 느끼고 싶다면《걸리버 여행기》를
벗하라! 그러나《걸리버 여행기》를 제대로 이해하고 싶다면
이 책을 읽어라! 18세기에 쓰인《걸리버 여행기》가 21세기 오
늘을 살아가는 우리에게 어떻게 적용되는지 따라가보자.

007 까칠한 정치, 우직한 법을 만나다

승지홍 지음 | 440쪽

"법과 정치에 관련된 여러 내용들이 어떤 식으로 연결망을
이루는지, 일상과 어떻게 관계를 맺고 있는지 알려주는 교양
서! 정치 기사와 뉴스가 쉽게 이해되고, 법정 드라마 감상이
만만해지는 인문 교양 지식의 종합선물세트!

008/009 청년을 위한 세계사 강의 1, 2

모지현 지음 | 각 권 450쪽 내외

역사는 인류가 지금까지 움직여온 법칙을 보여주고 흘러갈
방향을 예측하게 해주는 지혜의 보고(寶庫)다. 인류 문명의
시원 서아시아에서 시작하여 분쟁 지역 현대 서아시아로 돌
아오는 신개념 한 바퀴 세계사를 읽는다.

010 망치를 든 철학자 니체
vs. 불꽃을 품은 철학자 포이어바흐

강대석 지음 | 184쪽

유물론의 아버지 포이어바흐와 실존주의 선구자 니체가 한
판 붙는다면? 박제된 세상을 겨냥한 철학자들의 돌직구와
섹시한 그들의 뇌구조 커밍아웃! 무릉도원의 실제 무대인 중
국 장가계에서 펼쳐지는 까칠하고 직설적인 철학 공개토론에
참석해보자!

011 맨 처음 성^性 인문학

박홍규 · 최재목 · 김경천 지음 | 328쪽

대학에서 인문학을 가르치는 교수와 현장에서 청소년 성 문제를 다루었던 변호사가 한마음으로 집필한 책. 동서양 사상사와 법률 이야기를 바탕으로 누구나 알지만 아무도 몰랐던 성 이야기를 흥미롭게 풀어낸 독보적인 책이다.

012 가거라 용감하게, 아들아!

박홍규 지음 | 384쪽

지식인의 초상 루쉰의 삶과 문학을 깊이 파보는 책. 문학 교과서에 소개된 루쉰, 중국사에 등장하는 루쉰의 모습은 반쪽에 불과하다. 지식인 루쉰의 삶과 작품을 온전히 이해하고 싶다면 이 책을 먼저 읽어라!!

013 태초에 행동이 있었다

박홍규 지음 | 400쪽

인생아 내가 간다, 길을 비켜라! 각자의 운명은 스스로 개척하는 것! 근대 소설의 효시, 머뭇거리는 청춘에게 거울이 되어줄 유쾌한 고전, 흔들리는 사회에 명쾌한 방향을 제시해줄 지혜로운 키잡이 세르반테스의 『돈키호테』를 함께 읽는다!

014 세상과 통하는 철학

이현영 · 장기혁 · 신아연 지음 | 256쪽

요즘 우리나라를 '헬 조선'이라 일컫고 청년들을 'N포 세대'라 부르는데, 어떻게 살아야 되는 걸까? 과학 기술이 발달하면 우리는 정말 더 행복한 삶을 살 수 있을까? 가장 실용적인 학문인 철학에 다가서는 즐거운 여정에 참여해보자.

015 명언 철학사

강대석 지음 | 400쪽

21세기를 살아갈 청년들이 반드시 읽어야 할 교양 철학사. 철학 고수가 엄선한 사상가 62명의 명언을 통해 서양 철학사의 흐름과 논점, 쟁점을 한눈에 꿰뚫어본다. 철학 및 인문학 초보자들에게 흥미롭고 유용한 인문학 나침반이 될 것이다.

016 청와대는 건물 이름이 아니다

정승원 지음 | 272쪽

재미와 쓸모를 동시에 잡은 기호학 입문서. 언어로 대표되는 기호는 직접적인 의미 외에 비유적이고 간접적인 의미를 내포한다. 따라서 기호가 사용되는 현상의 숨은 뜻과 상징성, 진의를 이해하려면 일상적으로 통용되는 기호의 참뜻을 알아야 한다.

2018 책따세 여름방학 추천도서

017 **내가 사랑한 수학자들**

박형주 지음 | 208쪽

20세기에 활약했던 다양한 개성을 지닌 수학자들을 통해 '인간의 얼굴'을 한 수학'을 그린 책. 그들이 수학을 기반으로 어떻게 과학기술을 발전시켰는지, 인류사의 흐름을 어떻게 긍정적으로 변화시켰는지 보여주는 교양 필독서다.

018 **루소와 볼테르** 인류의 진보적 혁명을 논하다

강대석 지음 | 232쪽

볼테르와 루소의 논쟁을 토대로 "무엇이 인류의 행복을 증진할까?", "인간의 불평등은 어디서 기원하는가?", "참된 신앙이란 무엇인가?", "교육의 본질은 무엇인가?", "역사를 연구하는 데 철학이 꼭 필요한가?" 등의 문제에 대한 답을 찾는다.

019 **제우스는 죽었다** 그리스로마 신화 파격적으로 읽기

박홍규 지음 | 416쪽

그리스 신화에 등장하는 시기와 질투, 폭력과 독재, 파괴와 침략, 지배와 피지배 구조, 이방의 존재들을 괴물로 치부하여 처단하는 행태에 의문을 품고 출발, 종래의 무분별한 수용을 비판하면서 신화에 담긴 3중 차별 구조를 들춰보는 새로운 시도.

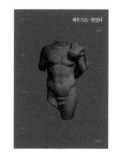

020 **존재의 제자리 찾기** 청춘을 위한 현상학 강의

박영규 지음 | 200쪽

현상학은 세상의 존재에 대해 섬세히 들여다보는 학문이다. 어려운 용어로 가득한 것 같지만 실은 어떤 삶의 태도를 갖추고 어떻게 사유해야 할지 알려주는 학문이다. 이 책을 통해 존재에 다가서고 세상을 이해하는 길을 찾아보자.

2018 세종우수도서(교양부문)

021 **코르셋과 고래뼈**

이민정 지음 | 312쪽

한 시대를 특징 짓는 패션 아이템과 그에 얽힌 다양한 이야기를 풀어낸다. 생태와 인간, 사회 시스템의 변화, 신체 특정 부위의 노출, 미의 기준, 여성의 지위에 대한 인식, 인종 혹은 계급의 문제 등을 복식 아이템과 연결하여 흥미롭게 다뤘다.

2018 세종우수도서

022 **불편한 인권**

박홍규 지음 | 456쪽

저자가 성장 과정에서 겪었던 인권탄압 경험을 바탕으로 인류의 인권이 증진되어온 과정을 시대별로 살핀다. 대한민국의 헌법을 세세하게 들여다보며, 우리가 과연 제대로 된 인권을 보장받고 살아가고 있는지 탐구한다.

023 노트의 품격

이재영 지음 | 272쪽

'역사가 기억하는 위대함, 한 인간이 성취하는 비범함'이란
결국 '개인과 사회에 대한 깊은 성찰'에서 비롯된다는 것, 그
리고 그 바탕에는 지속적이며 내밀한 글쓰기 있었음을 보여
주는 책.

024 검은물잠자리는 사랑을 그린다

송국 지음, 장신희 그림 | 280쪽

곤충의 생태를 생태화와 생태시로 소개하고, '곤충의 일생'을
통해 곤충의 생태가 인간의 삶과 어떤 지점에서 비교되는지
탐색한다.

2019 한국출판문화산업진흥원 9월의 추천도서 | 2019 책따세 여름방학 추천도서

025 헌법수업 말랑하고 정의로운 영혼을 위한

신주영 지음 | 324쪽

'대중이 이해하기 쉬운 언어'로 법의 생태를 설명해온 가슴 따
뜻한 20년차 변호사 신주영이 청소년들을 대상으로 헌법을
이야기한다. 우리에게 가장 중요한 권리, 즉 '인간을 인간으로
서 살게 해주는 데, 인간을 인간답게 살게 해주는 데' 반드시
요구되는 인간의 존엄성과 기본권을 명시해놓은 '법 중의 법'
으로서의 헌법을 강조한다.

026 아동인권 존중받고 존중하는 영혼을 위한

김희진 지음 | 240쪽

아동과 관련된 사회적 이슈를 아동 중심의 관점으로 접근하고 아동을 위한 방향성을 모색한다. 소년사법, 청소년 참정권 등 뜨거운 화두가 되고 있는 주제에 대해서도 '아동 최상의 이익'이라는 일관된 원칙에 입각하여 논지를 전개한 책.

027 카뮈와 사르트르 반항과 자유를 역설하다

강대석 지음 | 224쪽

카뮈와 사르트르는 공산주의자들과 협력하기도 했고 맑스주의를 비판하기도 했다. 그러므로 이들의 공통된 이념과 상반된 이념이 무엇이며 이들의 철학과 맑스주의가 어떤 관계에 있는가를 규명하는 것은 현대 철학을 이해하는 데 매우 중요한 열쇠가 될 것이다.

028 스코 박사의 과학으로 읽는 역사유물 탐험기

스코박사(권태균) 지음 | 272쪽

우리 역사 유물 열네 가지에 숨어 있는 과학의 비밀을 풀어낸 융합 교양서. 문화유산을 탄생시킨 과학적 원리에 대해 '왜?'라고 묻고 '어떻게?'를 탐구한 성과를 모은 이 책은 인문학의 창으로 탐구하던 역사를 과학이라는 정밀한 도구로 분석한 신선한 작업이다.

2015 우수출판콘텐츠 지원사업 선정작

029 케미가 기가 막혀

이희나 지음 | 264쪽

실험 결과를 알기 쉽게 풀어 설명하고 왜 그런 현상이 일어나
는지, 실생활에서 어떻게 활용할 수 있는지, 친밀한 예를 곁들
여 화학 원리의 이해를 돕는다. 학생뿐 아니라 평소 과학에 관
심이 많았던 독자들의 교양서로도 충분히 활용할 수 있다.

030 조기의 한국사

정명섭 지음 | 308쪽

크기도 맛도 평범했던 조기가 위로는 왕의 사랑을, 아래로는
백성의 애정을 듬뿍 받았던 이유를 밝히고, 바다 위에 장이
설 정도로 수확이 왕성했던 그때 그 시절의 이야기를 중심으
로 조기에 얽힌 생태, 역사, 문화를 둘러본다.

031 스파이더맨 내게 화학을 알려줘

닥터 스코 지음 | 256쪽

현실 거미줄의 특성과 영화 속 스파이더맨 거미줄의 특성 비
교, 현실 거미줄의 특장을 찾아내어 기능을 업그레이드한 특
수 섬유 소개, 거미줄이 이슬방울에 녹지 않는 이유, 거미가
다리털을 문질러서 전기를 발생하여 먹이를 잡는 이야기 등
가능한 한 많은 의문을 던지고 그 해답을 찾아간다.

032 엑스맨 주식회사

과학자 닥터스코, 수의사 김덕근 지음 | 360쪽

엑스맨 시리즈의 히어로로의 초능력에 얽힌 과학적인 사실들을 파헤친다. 전자기를 지배하는 매그니토, 타인의 생각을 읽어내는 프로페서엑스(X), 뛰어난 피부 재생 능력을 자랑하는 울버린, 은신과 변신으로 상대방을 혼란스럽게 만드는 미스틱 등의 히어로의 능력을 살피다 보면 "에이 설마!" 했던 놀라운 무기들이 과학 이론으로 설명 가능하다는 사실에 감탄하게 될 것이다.

033 슬기로운 게임생활

조형근 지음 | 288쪽

게임에 푹 빠진 청소년, 게임 때문에 자녀와의 관계가 나빠진 부모, 지난 밤 게임의 흔적으로 엎드려 자는 학생을 보며 한숨 짓는 교사, 이 모두를 위한 디지털 시대의 게임×공부 지침서. 프로게이머로 활약했던 조형근 선수가 본인의 경험담을 바탕으로 10대 청소년들에게 게임과 학교공부를 동시에 정복할 수 있는 노하우를 들려준다.

034 슬기로운 뉴스 읽기

강병철 지음 | 304쪽

하나의 기사가 어떤 경로를 거쳐 가짜뉴스로 둔갑하는지, 그것을 만들고 퍼뜨리는 사람은 누구인지, 선량한 일반 시민들은 그것들을 어떻게 읽고 이해하며 판독해야 하는지 꼼꼼하게 짚어준다. 독자들은 이 책을 통해 범람하는 기사들 속에서 진짜와 가짜를 구별해낼 수 있는 지혜와 정보, 기사를 읽을 때 중시해야 할 점, 한눈에 가짜임을 알 수 있는 팁 등을 얻을 수 있다.

만족한 돼지보다는
불만족한 인간이 되는 것이 낫다.
만족한 멍청이보다
불만족한 소크라테스가 낫다.

It is better to be a human being
dissatisfied than a pig satisfied
better to be Socrates dissatisfied than
a fool satisfied.

– 존 스튜어트 밀